제자 I

성경 연구를 통한 제자 되기

지도자용

DISCIPLE: BECOMING DISCIPLES THROUGH BIBLE STUDY

Teacher Helps

kmc

구약
성경 연구

신약
성경 연구

교재의 구성과 내용

각 과에는 매일 준비할 내용과 매주 모임을 위해 특별히 준비할 내용이 있다.

제목

각 과의 주요 사건이나 내용을 나타내며, 전체적으로는 창세기부터 요한계시록까지의 성경 이야기를 요약한다.

요절

각 과의 초점을 제시하는데, 전체 모임을 시작하면서 한목소리로 같이 읽거나 암기하여 한두 사람이 발표하게 한다.

주제

각 과의 제목과 내용의 단서가 된다.
• 모임 때마다 그 과의 주제를 게시한다.
• 창조로 시작하여 재림으로 끝나는 성경 전체의 구조와 내용을 파악하기 위해 각 과의 제목과 주제를 암기하게 한다.

우리의 모습

우리가 누구인지, 지금 어떤 상태이며 어떤 상황에 처했는지를 예시한다. 이와 비교하여 '제자의 모습'은 우리가 변하여 갈 모습을 제시해 주며, '우리의 모습'이 암시하는 문제에 대한 해결책이 되기도 한다. 각자 자신의 경험을 바탕으로 생각을 나누게 한다.

내려놓기

모든 것을 시작하기 전 하나님의 도움을 구하는 부분이다. 교재에 제시된 시편 구절은 개인 기도의 출발점이 될 수 있다.
• 매주 개인적인 기도 제목들과 성경을 연구하면서 생기는 기도 제목들을 기록하게 한다.
• 서로를 위해 기도할 수 있는 기회를 마련한다. 매주 쪽지에 자신의 이름을 쓰게 하여 모두 모은 후 하나씩 나누어 주어, 그 사람을 위해 매일 기도하게 한다.

귀 기울이기

훈련 교재 〈제자〉의 중심은 성경이다. 매일 성경을 읽고 연구하는 훈련을 하는 것과 그것을 계속 유지하는 것이 제자가 되어 가는 과정에서 매우 중요한 요소임을 강조한다.
• '귀 기울이기' 부분은 읽어야 할 성경 구절과 교재 내용, 기록할 내용을 날짜별로 지시한다.
• 각 과의 둘째 쪽에 있는 빈칸은 매일 성경을 읽으면서 생기는 의문점이나 새로운 깨달음, 중요하다고 생각하는 내용들을 기록

하는 데 사용한다. 함께 공부하는 동안 기록한 내용들을 서로 나누고 토의할 수 있는 기회가 많을 것이다.
• 날마다 성경을 읽고, 빈칸에 기록하는 훈련을 하는 것이 중요함을 강조한다.
• 지도자 스스로가 매일 성경을 읽고, 공부하고, 기록하는 모범을 보인다.
• 성경에 줄을 치면서 읽게 권한다.
• 매주 각자 준비한 내용들을 될 수 있는 대로 함께 나누게 한다. 이 일이 얼마나 활발히 이루어지느냐에 따라 한 주간 개인적인 성경 읽기의 성패가 결정될 것이다.

성경의 가르침

성경을 해석하고 의미를 찾아낸다.
• 집에서 개인적으로 성경을 읽는 동안이나 다른 이들이 나름대로 깨달은 사실들을 서로 나누는 동안 중요한 내용을 여백에 기록하게 한다.
• 지도자는 기록한 내용을 서로 나눌 수 있는 방법을 결정해야 한다. 어떤 내용은 혼자만 간직하게 할 수도 있고, 또 어떤 내용은 둘 또는 세 사람이 짝을 지어 나누게 할 수 있으며, 또 어떤 내용은 전체가 함께 나누는 편이 좋은 것도 있을 것이다.

제자의 모습

예수 그리스도의 제자의 특징들을 요약하고, 이를 실천할 것을 강조한다.
• 매 과의 첫 부분에 나오는 '우리의 모습'과 이 부분을 연관시켜 생각하게 한다.
• 물음에 대한 각자의 답을 서로 나눌 수 있게 여러 방법으로 시도한다.
• 제자의 특징들을 매일의 삶에서 어떻게 실천할 수 있을지 의견을 나누고 지침을 결정한다.

더 알아보기

추가해 읽거나 암기할 성경 구절들을 제시한다. 또 특정한 주제를 주어 참고 서적들을 바탕으로 조사한 후 전체 모임에서 발표하게 한다.

전체 모임 진행

시작 기도(5분)
한두 사람만 왔더라도 정시에 기도로 시작한다. 교재에 제시된 주제어와 요절, 시편 구절과 '우리의 모습'을 함께 읽을 수 있다. 주제와 어울리는 찬송을 같이 부를 수도 있다.

이끄는 이야기(20~25분)
알아두어야 할 기본적인 정보를 제공하고, 전체 모임의 주제에 관심을 집중하게 한다. 같은 주제 아래 같은 내용을 그룹 전체에 전달할 수 있는 기회다.
- 내용을 잘 이해한 후에 요점만 전달한다. 제시된 내용을 단순히 처음부터 끝까지 읽기만 하는 것은 좋지 않다.
- 주요 내용이나 의문점들을 기록하게 한다.
- 질문할 수 있는 기회를 준다.

성경과 교재(50분)
성경과 교재를 읽거나 공부하는 과정에서 생긴 의문점들과 새롭게 얻은 정보들을 잘 정리하여 다룰 수 있게 계획한다. 단순한 지식을 넘어 의미를 찾을 수 있게 돕는다. 같은 내용이 반복되지 않게 주의한다.

휴식(10분)
10분 정도만 휴식한다. 간단한 음료수를 준비해도 좋겠다.

말씀과의 만남(25분)
한 주간 읽은 성경 구절들 중에서 하나를 선택하여 '함께' 연구하게 한다. 모두가 이미 읽은 내용이지만 상세하게 연구하지는 못했을 것이다. 어떤 구절을 택할지 미리 말하지 않는 것이 좋다. 각 과에 있는 내용들을 포괄적으로 공부할 수 있게 돕는다. 지도자로서 어떤 방식과 과정으로 진행할 것인지 분명하게 결정한다.

제자의 모습(20분)
제자가 된다는 것이 무엇을 의미하는지 생각하는 시간이다. 이 부분을 위해 각자가 준비한 내용들과 성경 연구와 그룹 토의를 통해 분명히 나타난 내용들을 서로 나눌 수 있게 돕는다. 특히 '제자의 모습'과 '우리의 모습'을 연관시켜 생각하는 습관이 중요함을 강조한다. '제자가 되는 것'이 각 과는 물론 이 교재 전체의 초점이다. 그러므로 이 시간을 유용하게 사용할 수 있게 최선을 다한다.

마침 기도(10분)
다음 과의 빈칸에 함께 기도할 제목들을 기록한다. 읽어야 할 성경 말씀과 교재 내용에 대해 이야기한다. 기도와 찬송 등 적절한 순서로 정시에 마친다.

지도자의 준비

- 과거에 배운 지식이나 익숙한 성경 구절에 너무 의존하지 않는다. 각 과에서 공부할 성경 구절을 처음 대하는 자세로 읽는다.
- 매일, 매주 교재의 정해진 분량을 지키게 한다. 미뤘다가 한꺼번에 하거나 한 번에 교재 전체를 미리 해 버리는 것은 좋지 않다. 정해진 내용만을 해당 주간에 성실히 준비하게 한다. 또 그룹 진행도 그렇게 계획한다.
- 정해진 시간 안에 정해진 내용을 골고루 다룰 수 있게 시간 안배에 유의한다.
- 전체 모임 시간에 특별한 활동을 해야 할 경우에는 그룹 전체가 함께 하는 것이 효과적인지, 아니면 각자 하는 것이 효과적인지를 미리 계획한다.
- 지도자 스스로 성경과 교재를 충실히 읽고 연구하면 새로운 깨달음과 관점을 얻을 수 있고, 이것은 전체 모임에서 좋은 자료가 될 수 있다.
- 각 사람이 매일 기록한 내용들을 어떤 순서로 어떻게 발표하게 할 것인지를 결정한다.
- 매일 제시된 성경 구절들과 빈칸에 기록한 내용들을 중심으로 전체가 함께 이야기하든지 소그룹으로 나누어 이야기한다.
- 성경을 읽고 교재를 준비하는 동안 생긴 의문점들을 제기하게 하고, 이를 한데 묶은 후 하나하나 대답한다.
- 모아진 정보들을 체계적으로 잘 정리한다.
  · 도표를 만든다.
  · 용어 해설표를 만든다.
  · 주요 인물들과 사건들을 나열한다.
  · 신학적인 개념들에 대해 같이 토의한다.
  · 성경과 삶을 연결시킨다.
- 대답하기 힘든 질문이나 대답 자체가 가능하지 않은 질문, 또는 많은 신학적 이견이 있을 수 있는 질문이 나와 미리 준비한 방향으로 진행되지 않을 수도 있음을 예상하고 대비한다.
- 주어진 과제 이상의 것을 연구 조사한 사람이 있으면 발표할 수 있는 기회를 준다. 또 많은 사람들이 같은 주제를 연구 조사했다면 그룹 토의를 하든지, 한 사람이 발표한 후 거기에 추가로 덧붙이게 한다.
- 함께 큰소리로 성경 구절들을 읽을 수 있는 기회를 만든다.
- 불분명한 내용을 분명하게 하거나 보충이나 추가 내용이 필요하면 주석, 지도, 사전 등을 사용하게 한다.

그룹 강화와 유지를 위해

좋은 그룹을 위한 분위기

따뜻하고, 서로 신뢰하고, 의욕적이며, 서로 참고, 마음의 문을 열며, 서로 돌보고 용인하며, 세심하고 유머가 있으며, 마음을 터놓고 이야기할 수 있는 분위기가 공부하기에 좋다.

개인과 그룹이 동시에 존경을 받는 분위기를 만들어야 한다. 다른 이들의 느낌과 생각을 경청하고, 자신의 생각과 느낌을 솔직하게 표현할 수 있게 편하고 자유로운 모임이 되게 이끈다.

대화 참여가 저조한 사람을 위하여

• 말을 하지 않고도 다른 방법으로 그룹 활동에 참여할 수 있으며, 어떤 특정한 질문에 반드시 대답을 해야 할 필요는 없음을 인정하고 받아들인다.

• 크든 작든 모든 공헌은 가치가 있다는 사실을 강조한다. 말하기를 주저하는 이유는 잘못 대답하여 조롱의 대상이 될까 두려워하기 때문일 수도 있다. 때로는 할 이야기가 없을 수도, 또 어떤 경우에는 감동을 줄 만한 이야기를 생각해 내지 못할 수도 있다.

• 평소에 별로 말이 없던 사람이 대화 참여를 시도할 때 지도자는 특히 민감해야 한다. 지도자의 격려가 필요한 것이다. 표정이나 몸짓을 세심히 지켜보며, 특히 직접 질문을 던져 당황하는 일이 없게 조심한다. "말하고 싶은 것이 있는 모양인데……"라는 식의 자연스러운 초대로 대화 참여를 이끈다.

• 소그룹 토의와 활동을 계획한다. 많은 사람 앞에서는 말하기를 주저하던 사람도 소그룹은 편안하게 느껴 활발히 참여할 수도 있기 때문이다. 처음에는 말수가 적은 사람들끼리 한 그룹을 만들어 주되, 점차 대화를 주도하는 사람들과 자연스럽게 섞일 수 있게 기회를 제공한다.

대화를 독차지하는 사람을 위하여

한두 사람이 대화 전체를 독차지하는 것은 결코 바람직한 일이 아니다. 이 문제를 해결하기 위해서는 재치가 있어야 하고, 또 신경을 많이 써야 한다.

• 사람들이 행동이나 언어로 무엇을 말하고 있는지 빨리 알아차리는 것이 중요하다.

• 표정이나 몸짓, 음성이나 말로 대화를 독차지하는 사람에게 태도를 분명히 한다.

• 그 사람이 말한 내용을 요약하여 설명하여 준 후, 다른 사람들이 그 내용을 보완할 수 있게 진행한다.

• 소그룹으로 활동하든지, 말할 수 있는 기회를 모든 사람에게 골고루 줌으로써 한 사람이 대화를 독차지하는 것을 방지할 수 있다. 그룹 강화와 유지를 위하여 처음 모임에서 앞으로 지킬 기본 원칙들을 같이 이야기해도 좋다. 다양한 방식으로 그룹 활동에 참여할 수 있게 서로 격려하고, 이 과정을 마칠 때까지 어떤 노력들을 하면 좋을지 함께 의견을 나눈다.

의견 충돌을 해결하기 위하여

건전한 그룹 분위기는 자기와 다른 의견들을 얼마나 존중하고, 또 어떻게 받아들이느냐에 달려 있다. 또한 자기 자신만의 의견을 세우고 발전시킬 수 있게 북돋워 주는 것도 대단히 중요하다. 더 나아가 다른 사람들, 혹은 지도자와 의견이 다르더라도 서로간의 신뢰와 존중이 무너지지 않게 함께 노력해야 한다.

다른 사람들과 개인적으로 의견 충돌이 없는 지도자가 그룹 내의 신뢰와 인정, 존중의 분위기를 빨리 만들 수 있다. 의견 대립이 생겼을 때에는 최대한 자연스럽게, 그리고 발전적인 결과가 도출될 수 있는 방향으로 잘 이끌어 간다.

• 각 과의 방향을 그대로 잘 유지한다.

• 결코 논쟁자 개개인이 아니라 논제에 초점을 두고 의견을 나누게 돕는다.

• 대화 사이사이에 적절한 때를 찾아 논점을 종합하고, 의견 차이와 일치를 명확하게 짚어 준다.

• 논쟁의 초점을 벗어나지 않게 계속해서 신경을 쓴다.

• 논점이 되는 내용을 성경 사전이나 주석을 참고하여 더 연구 조사해 보게 한다.

• 의견을 반드시 일치시킬 필요는 없다. 가능하지 않다는 판단이 설 때는 차이 그 자체를 인정하게 한다.

• 만약 논쟁 내용이 다른 이들에게는 적합하지 않은 것이라면 모임이 끝난 후에 당사자들끼리 이야기하게 한다.

• 모임을 계획한 대로 진행하기 위해 언제, 어떻게 토의를 중단시킬 것인지 항상 생각한다.

• 토의가 활발하고 좋은 의견들이 많이 개진될 때에는 칭찬해 준다.

• 토의를 하는 동안이나 끝난 후에도 다른 이들을 돌보고 인정하며 받아들이는 모습을 먼저 보여 준다.

건설적인 토의를 위하여

개인의 편견에 가까운 의견, 상투적이고 추상적인 대답으로 진행되는 토의는 지도자뿐 아니라 모두가 서로 조심해야 한다. 건설적인 토의는 목적과 훈련을 겸비한다.

질문을 준비할 때
질문을 통해 성취하고자 하는 것이 무엇인지 분명히 한다.
• 질문은 생각을 시작할 수 있게 돕는다.
• 질문은 새로운 통찰력과 지식에 마음의 문을 열게 한다.
• 질문은 생각과 이해와 가정을 점검할 수 있게 한다.
• 질문은 종종 주제를 더 깊이 규명할 수 있는 기회를 준다.

질문의 목적이 무엇이냐에 따라 질문 방법이 달라진다. 그러므로 질문의 의도가 무엇인지 분명히 숙지하고 염두에 두어야 한다.
• 만약 질문의 의도가 어떤 정보를 얻게 하는 것이라면 사실과 정황을 묻거나 생각나게 하는 질문이나 특정한 정답이 있는 질문을 던진다.
• 자료를 수집하는 것이 목적이라면 주어진 자료들을 스스로 정리하고, 서로 비교 · 대조 할수 있게 질문한다.
• 어떤 상황이나 행동을 분석하기 위한 것이라면 그것을 설명하게 하거나 그와 관련된 이유를 말하게 질문한다.
• 어떤 결론을 내리는 것이라면 요약 · 정리를 하게 질문하고, 상호 관계와 전에 관련되어 있지 않던 부분까지도 관련지어 말하게 이끈다.
• 비평과 평가가 목적이라면 특별한 기준에 따라 어떤 것이 최상의 선택인지 언급하게 질문한다.
• 어떤 결과와 상황에 대해 더 깊이 생각하게 돕기 위한 것이라면 상상력과 모든 가능성을 총동원할 수 있게 질문한다.
지도자는 자기가 던지는 질문이 어떤 종류인지를 확실히 알고 있어야 하며, 질문의 이유를 모두에게 알려 준다.

질문을 준비할 때, 다음 사실을 염두에 둔다.
• '예' 와 '아니오' 로 답하게 되는 질문은 토의를 단절시킨다.
• 대답이 너무 자명한 질문이나 그와는 반대로 대답을 할 수 없는 질문, 지나친 논쟁을 야기하거나 너무 막연한 대답을 초래하는 질문은 좋지 않다.
• 좋은 질문은 정보와 감정과 경험을 골고루 아우른다.
• 간단명료하며 한 가지에 초점을 맞추는 것이 제일 좋은 질문이다.
• 어떤 한계를 제시하면서도 규정화된 정답이 없는 질문, 구체적이면서도 자유로이 자기 생각을 말할 수 있는 질문이 좋다.
• 좋은 질문은 일반적으로 이전에 준비하고 공부한 내용을 생각나게 하며, 더 깊은 연구로 이끌어 간다.
• '언제, 누가, 어디서, 무엇을, 왜, 어떻게' 는 실제와 관련된 질문을 위한 열쇠다.
• 토의를 위한 질문을 던지기 전에 스스로 그 질문에 대답해 보는 것이 꼭 필요하다.

토의를 진행할 때
• 토의를 위한 질문을 제시한다. 토의 내용과 토의하는 이유를 모두에게 정확히 알려 준다.
• 토의가 어떻게 전개되어야 하는지에 대한 나름의 생각이 필요하다.
• 생각할 수 있는 여유를 준다. 침묵을 두려워하면 안 된다. 침묵은 가치가 없는 것이 아니다. 침묵은 생각할 수 있는 기회를 제공한다. 질문을 너무 성급하게 되풀이하지 않는다. 잘 준비된 질문은 궁극적으로 대답을 불러오기 마련이다. 일단 질문을 던졌으면 끈기 있게 기다린다. 섣불리 지도자가 먼저 자신의 생각이나 대답을 드러내지 않게 주의한다. 이는 다른 이들의 대답을 막는 일일 뿐 아니라 이것이 습관이 되면 지도자의 답에 의존하려 하기 때문이다.
• 듣는다. 말과 감정을 세밀하게 포착하여 그 안에 숨은 뜻을 알아차리는 것이 중요하다. 듣는다는 것은 말하는 사람의 요지를 알아차릴 뿐만 아니라 실제로 그 내용을 듣는 것을 포함한다. 말한 내용을 어떤 평가나 비평 없이 가끔 요약해 준다.
• 시선을 마주친다든지 머리를 끄덕인다든지 한두 마디를 덧붙임으로써 듣고 있음을 표현한다.
• 자신이 어떻게 대답할 것인지를 생각하는 순간 다른 이의 말을 흘려듣고 있음을 기억한다.
• 오류가 있지 않는 한 이야기하고 있는 사람의 의견에 동의한다든지 반대한다든지 등의 언급을 피한다.
• 사람을 용납하는 것과 그의 생각이나 해석, 태도를 용납하는 것은 별개의 문제다.
• 한 사람이 대화를 독차지하는 것을 막기 위해 모든 사람이 골고루 공헌할 수 있게 하는 방안을 생각해 본다.
• 순간순간 나오는 질문들 때문에 처음 정한 방향에서 이탈하는 일이 없게 토의의 진행 방향을 잘 읽어 나간다.

제자의 모습

각 과의 '제자의 모습' 부분에는 예수 그리스도의 제자가 갖추어야 할 태도나 삶의 모습, 행동 지침 등을 제시하였다. 다음은 그 내용을 모아 놓은 것이다.

예수 그리스도의 제자는

1. 성경의 능력과 권위 아래 스스로 무릎을 꿇는다.
2. 자신이 하나님께 속한 존재임을 알고, 자신에 대한 모든 권리가 하나님께 있음을 분명히 깨닫는다.
3. 인간의 반항심을 인정하고, 죄에 대한 책임을 받아들이며, 자신을 하나님의 권위 아래 내맡기며 회개한다.
4. 믿음의 언약 공동체의 일원이 되라는 하나님의 부르심에 응답하고, 하나님과 맺은 언약에 헌신할 것을 십일조로 표현한다.
5. 구원의 메시지를 전하라는 하나님의 부르심을 듣고 이에 순종한다.
6. 하나님의 율법을 행함으로 그것을 지킨다.
7. 공동 예배에 자신을 헌신한다.
8. 믿음과 순종의 리더십으로 올바른 방향과 목적을 제시한다.
9. 하나님을 잘 섬기는 지도자들을 존경하고 후원하지만, 오로지 하나님께만 충성을 다함으로써 인간적 지도력에 대한 올바른 자세를 유지한다.
10. 공동체와 국가, 전 세계를 향해 외치는 예언자의 소리를 듣고 인정할 뿐만 아니라 때로는 스스로 그 예언자가 된다.
11. 죄의 결과를 겸손히 받아들이고, 용서를 빌고, 치유와 새로운 헌신의 기회를 찾는다.
12. 죄의 결과로 고난을 당할 때, 하나님의 위로를 받아들이고 새로운 출발, 새로운 가능성, 새로운 선택을 모색한다. 절망하지 않고 그것을 충성의 길로 승화시킨다.
13. 자신의 모든 생각과 감정으로 하나님을 의지하고 신뢰한다.
14. 순종의 대가가 크더라도 하나님의 율법에 일치하는 생활을 하려고 노력한다.
15. 이유를 설명할 수 없는 고난에 직면했을 때에도 하나님을 신뢰한다.
16. 그 옛날 핍박을 견디며 믿음을 지켰던 하나님의 백성과 하나라는 사실을 자각하면서 영의 눈을 열어 하나님의 왕국을 바라보고 소망 중에 살아간다.
17. 자신이 구약성경에 기록된 신앙 선조들(아브라함과 사라의 후손)과 하나임을 매순간 자각하며, 예수 그리스도의 복음을 듣고 이해할 때에도 이 역사적 관계를 잊지 않는다.
18. 모든 것을 포기하고 전적인 희생과 헌신으로 따르라는 예수님의 명령을 받아들이고 응답한다.
19. 기만과 가식을 버리고, 비록 주님과 같은 생활 방식이 세상과의 충돌과 긴장을 가져온다 해도 제자를 만들고 가르치고 세례를 주고 증거하고 치유하는 선교 사역에 희생을 자처하고 헌신한다.
20. 자기부인과 고난으로 부르는 것이 자신에게 주어진 선교 사명임을 이해하고 받아들인다.
21. 작은 자와 나중 된 자, 잃은 자를 위한 하나님의 선교를 중시하고 이에 동참한다.
22. 예수 그리스도 안에서 생명을 체험한다.
23. 풍성하고 영원한 생명을 마음으로 확신한다.
24. 매일의 삶에서 성령의 임재와 능력을 체험한다.
25. 열방을 예수 그리스도에게로 이끌기 위해 증인이 된다.
26. 그리스도 안에 나타난 하나님의 용서의 사랑을 신뢰하고 받아들이며 사랑과 감사로 그분을 섬긴다.
27. 서로 사랑한다.
28. 하나님을 사랑하고 이웃을 사랑함으로써 자유를 경험하고 또 표현한다.
29. 훈련받은 믿음의 지도자들에게서 바른 가르침을 얻으려고 노력한다.
30. 예수 그리스도의 희생으로 나타난 하나님의 용서를 감사함으로 받아들인다.
31. 자신이 내적으로는 그리스도의 품성과 외적으로는 사랑의 증거를 지닌 특별하고 구별된 사람임을 안다.
32. 박해와 고난 가운데서도 믿음과 충성심을 잃지 않는다.
33. 자신의 재능과 은사를 다른 사람을 위해 사용한다.
34. 하나님의 뜻대로 섬길 것을 약속하고, 자신의 삶을 하나님께 맡긴다.

구약 성경 연구

01 | 성경 말씀
The Biblical Word

■ 시작 기도(5분)

■ 이끄는 이야기(20~25분)

준비

성경에 대해, 하나님에 대해, 하나님과 인간의 관계에 대해 어떻게 이야기하는지 주의 깊게 잘 듣고 메모하라.

〈주 – 영문판 교재에는 매주 도입 부분에서 비디오를 시청하게 되어 있다. 영어 이해가 가능한 그룹은 콕스베리(Cokesbury) 출판사를 통해 비디오를 구입하여 시청할 수 있다. 그렇지 않은 그룹은 여기에 번역하여 옮긴 비디오 내용을 교사가 자세히 읽고 요약해 줌으로써 토의를 시작할 수 있다.

지도자용 교재는

• 비디오 시청을 준비하는 방법을 제시한다.

• 주요 내용을 요약하여 준다.

• 시청한 것에 대해 묻고 답할 수 있는 방법을 제시한다.

들으면서 주요 내용을 요약, 기록하게 한다.

지도자는 비디오를 사전에 시청하고, 비디오와 성경, 교재 내용을 연결할 수 있는 몇 가지 질문들을 준비한다.〉

성경은 우리가 일생 동안 날마다 읽고 공부해야 할 책이다. 이 세상에 성경과 비교할 수 있는 책은 없다. 그렇다면 성경이란 무엇인가?

성경(Bible)은 본래 '책'이라는 뜻이다. 그러나 그것은 여러 종류의 책들이 모여서 이루어진 특별한 책이다(전설, 역사, 법, 시, 의식, 예언, 복음의 네 가지 다른 기록, 초대교회의 역사, 일련의 서신들, 이 밖에 독립된 글들, 즉 룻기, 요나서, 욥기, 에스더서 등이 들어 있다). 성경을 연구 분석하는 전문가들의 방법은 다양하고 복잡하지만 성경의 중심 사상은 단순하고 분명하여 누구든지 이해할 수 있다. 창세기부터 요한계시록까지 다양한 형태의 기록들이 있지만 그 중심을 흐르는 이야기는, 하나님이 이 땅에서 지금까지 하신 일, 하나님이 그의 백성 가운데서 또 그들을 위하여 현재 하고 있으며 늘 하실 일, 즉 하나님이 우리를 창조하신 목적이 무엇이고, 우리에게 기대하는 것이 무엇이며, 우리가 하나님께 기대할 수 있는 것이 무엇인지에 관한 것들이다. 그것은 언약의 제정과 준수(하나님 편에서), 그리고 언약의 제정과 파기(인간 편에서)에 관한 이야기들이다. 성경은 하나님 자신에 관한 이야기보다는 그가 어떻게 우리에게 자신을 계시하시고, 자신의 뜻을 전달하시며, 어떻게 참된 인간이 되게 도와주시는지, 그의 섭리를 우리가 이해할 수 있게 인도한다.

그러면 왜 사람들이 성경을 읽는가? 여러 가지 이유가 있을 수 있다. 의무감이나 경건심에서 또는 문학적인 호기심에서 읽을 수 있다. 그들은 성경에 기록된 예수님의 행적과 가르침에 놀라지 않을 수 없을 것이다. 그러나 사람들이 성경을 읽는 가장 중요한 이유는 성경의 낯선 세계 속에서 하나님의 말씀을 들을 수 있다는 느낌 때문이다. 하나님 스스로 택하신 이 매체를 통해 하나님은 그 자신에 관하여, 또 우리가 잘 살기 위해 알아야 할 것들을 우리에게 말씀해 주신다. 이것이 성경에 권위를 부여해 준다.

그러면 왜 많은 사람들이 성경을 읽고 공부하기를 바라면서도 그렇게 하지 않는가? 중요한 이유 중 하나는 성경을 대할 때 성경이 그들에게 주고자 하는 것을 기대하지 않거나 그들이 얻고자 하는 것을 찾지 못하기 때문이다. 어떻게 보면 성경 이야기는 기묘하다. 상세한 설명들(예를 들면 족보 이야기) 때문에 지루해지기도 하고, 익숙하지 않은 배경 때문에 어리둥절해질 때도 있다. 이러한 복잡한 것들을 가려내고자 하면 분명해지기는커녕 오히려 혼란이 생기기도 한다. 그래서 어떤 사람들은 포기하거나 성경에 쓰여 있는 것을 그대로 받아들인다. 그런데 이런 사람은 정작 중요한 것들을 놓치고 만다.

우리가 성경을 읽으면서 가장 중요하게 여겨야 할 것은 성경 전체에 흐르고 있는 하나의 통일된 줄기를 찾는 일이다. 그것은 유일하신 하나님의 절대적인 은혜와 인간의 죄라는 모순이다. 하나님의 은혜와 인간의 죄 사이에 존재하는 이러한 긴장은 어느 곳에서나 다루어진다.

오순절에 성령이 강림하였을 때, 언어가 다른 사람들이 모두 자기네 말로 복음을 들을 수 있었다. 이 같은 일은 지금도 계속 일어난다. 사도행전의 기록에 따르면 복음을 처음 들은 사람들은 모두 크게 놀랐으며, 그들의 삶에 큰 변화가 일어났다. 하나님의 은혜는 지금도 놀랍다. 사람들은 여러 가지 다른 상황에서 하나님의 말씀을 듣는다. 그러기에 진지한 성경 연구는 우리를 흥분시킨다.

마지막으로 진지하게 성경 연구를 하기 원하는 이에게 부탁하고 싶은 것이 있다. 성경 각 권의 배경과 시대적 상황과 연대와 저자 등에 관하여 자세히 공부하면 할수록 성경이 전하는 말씀을 더 분명히 들을 수 있고, 올바로 믿을 수 있으며, 바로 판단할 수 있게 된다. 그러나 성경 연구의 근본 목적은 상세한 지식 습득에 있다기보다 하나님이 스스로에 관하여, 자신의 신비로운 섭리와 은혜의 최후 승리에 관하여 우리에게 하시고 있는 말씀을 파악하는 데 있다. 그러므로 우리는 피조물의 위치를 지키고 그리스도의 본을 따르고 성령의 능력을 얻음으로써 창조의 뜻을 따라 진실하고 은혜로운 삶을 살게 된다. 즉 이것은 우리가 더욱 참된

인간이 되어 가는 과정이라고 할 수 있다.(Albert C. Outler, Richard B. Wilke)

요약

성경에는 여러 종류의 문학 책이 들어 있다. 그러나 성경의 전체적인 시각은 간결하고 분명해서 누구나 분별할 수 있다.

우리는 성경 속에서 하나님의 말씀을 들을 수 있다고 생각하기 때문에 이 책을 읽는다.

하나님의 연속적인 메시지가 성경 전체에 흐르고 있고, 그 메시지가 성경의 권위를 암시하는데, 그것은 유일하신 하나님의 절대적인 은혜다. 인간이 추구하는 권력과 하나님의 은혜의 통치 사이에는 근본적인 차이가 있다는 것이다.

성경은 모든 사람이 자기와 결부시킬 수 있는 하나님의 이야기이기 때문에 권위가 있다.

대화

아우틀러 박사의 글을 들으면서 생긴 의문점들이 있으면 이야기하게 하라.

■ 성경과 교재(50분)

성경 연구, 준비, 출석 등에 관한 기본 규칙에 대해 잠시 이야기를 나누라.

모두가 성경책에 포함되어 있는 부록이나 보조 자료 사용에 익숙하리라고 여겨서는 안 된다. 주를 읽는 방법, 지도와 차트를 보는 방법, 성경 대조표 사용법, 각 책의 서문에서 정보를 찾는 방법 등을 훈련하도록 계획하라.

성경 사전, 편람, 지도책, 주석, 성경 용어 사전 등 부가 자료들을 찾아보게 하는 것이 좋다. 교회에 그러한 자료가 있는지를 알아보고, 대출 방법도 알아두게 하라.

이 과에서는 세세한 성경 내용에 너무 치중하지 않도록 주의하라. 두 사람 또는 세 사람씩 짝을 지어 다양한 문학 형식을 대표하는 성경 구절들을 찾아보고, 그 특징도 알아보게 하라. 전체가 모인 자리에서 교재에 제시된 성경 본문이 어떠한 형태인지 의견을 나누게 하라.

교재에 나오는 경전, 모세오경, 토라 등 특정한 용어들을 정의하고 적절히 설명하라. 이 과의 주제는 '권위'다. 두 사람씩 짝을 지어 성경의 권위란 무엇이며, 자신의 삶에 성경이 어떤 권위가 있는지를 이야기하게 하라.

구약성경의 책 이름들을 외우라. 처음에는 함께 읽고, 그 다음에는 각자 조용히 되풀이하여 외우게 한다.

이 과의 토의 주제들은 다음과 같다. 언제, 어떻게, 왜 성경을 읽었는가? 성경 읽기를 방해하는 것은 무엇인가? 성경에서 무엇을 기대하는가? 성경이 독자에게 기대하는 것은 무엇인가? 성경에 관해 어떤 것들을 배우고자 하는가?

■ 휴식(10분)

■ 말씀과의 만남(25분)

성경: 시편 84편

본문을 눈으로 보는 듯, 귀로 듣는 듯, 손으로 만지는 듯, 코로 냄새를 맡는 듯, 혀로 맛을 보는 듯 읽으라. 시편 기자는 하나님께 무엇을 말하고 있는가? 하나님께서는 이 시를 통하여 우리에게 무엇을 말씀하시는가?

■ 제자의 모습(20분)

그리스도의 제자는 성경의 권위와 능력 앞에 무릎을 꿇는다.

'우리의 모습'을 큰 소리로 읽으라. 그 내용이 성경의 권위와 어떤 관계가 있는가? 성경의 능력, 개인의 삶을 위한 성경의 권위, 하나님이 개개인에게 성경을 통해 말씀하시는 것들 모두가 '우리의 모습'과 '제자의 모습'을 연결하는 문제들이다. 이것을 주제로 토의해 보라. 그런 후에 '제자의 모습' 부분에 기록한 대답을 자발적으로 이야기하게 하라.

■ 마침 기도(10분)

02 | 창조주 하나님
The Creating God

■ **시작 기도**(5분)

■ **이끄는 이야기**(20~25분)

준비

나피어 박사의 글에서 세 가지 요점을 파악하라. 창조 이야기의 신학적 의미는 무엇인가, 창조 이야기는 어떻게 이스라엘 민족의 창조 신앙이 되었는가, 두 가지 창조 기사가 어떻게 이스라엘의 창조 신앙을 표현하는가.

하나님의 창조 행위는 항상 새롭게 계속된다. 시편 104편의 말씀을 경청하라. "주께서 지혜로 그들을 다 지으셨으니 주께서 지으신 것들이 땅에 가득하니이다. … 주께서 낯을 숨기신즉 그들이 떨고 주께서 그들의 호흡을 거두신즉 그들은 죽어 먼지로 돌아가나이다."(시 104:24, 29)

우리가 믿는 하나님은 우주를 창조해 놓고 제 마음대로 돌아가도록 내버려두시는 하나님이 아니다. 그는 창조의 하나님이시다. 항상 창조하고 보존하는 하나님이시다.

고대 신화로부터 현대 과학 이론에 이르기까지 인간은 "이 모든 것이 어디에서 왔는가?"라는 질문에 대답하려고 시도한다. 그러나 창세기의 창조 이야기는 다른 것을 이야기한다.

과학적인 사고구조를 가진 우리는 과학적인 사실에 전혀 무관심한 창세기 이야기를 그대로 받아들이기가 힘들 것이다. 우리는 정확한 날짜와 시간과 장소를 요구하지만 창세기는 그런 정보를 제공하지 않는다.

반면 창세기가 특별히 관심을 기울이는 것들이 있다. 인간과 다른 동물들의 관계, 별과 물고기의 관계, 빛과 어둠의 관계, 하나님과 다른 것들의 관계 등 만물의 질서가 그것이다.

다른 말로 표현하면 창세기의 창조 이야기는 소위 신화적 목적을 설명해 준다. '우리는 누구이며, 왜 여기에 있는가?' 이것이 근본적인 문제라는 것이다.

창조는 항상 새롭게 계속된다. 창세기 이야기는 태고의 역사 기록이 아니다. 즉 그것은 창조의 완료를 말하는 것이 아니라 창조의 현재성에 대한 이스라엘의 증언이다. 그들의 생명이 하나님께로부터 받은 선물이요, 하나님의 목적 밖에서는 그들의 운명이 무의미하다는 신앙이다. 즉 그것은 어디까지나 그들의 창조 신앙이다.

그런데 이러한 신앙은 이스라엘 백성에게 늦게 시작되었다. 이스라엘의 신앙은 주변의 여러 풍요신 제사와 항상 긴장 관계에 있었으며, 때로는 큰 충돌을 일으키기도 했다. 지방 신전에는 남신 바알과 그의 배우자인 여신들을 모셨다. 그들의 의식 중에는 매음

행위가 포함되었는데, 그것은 다산(多産)과 풍작을 보장해 주는 것으로 믿었다. 이들에게서 창조라는 용어와 개념은 지나친 자연종교를 낳게 되었다. 그러나 이스라엘에게 하나님의 계시는 자연이 아니라 항상 역사 속에 주어진다. 물론 자연은 하나님의 솜씨를 나타낸다. 그러나 모든 것에 의미를 주는 것은 역사뿐이다. 하나님은 역사의 주관자시요, 우리 역사는 다른 배경들, 곧 타국가들과 민족들, 홍해, 시내 산, 요단 강 등을 배경으로 일어나기에 하나님은 창조주가 되신다.

창조 이야기는 오랫동안 전해져 내려오던 것이 신앙 고백으로 정리된 것이다. 이는 근동과 중동 지방에 여러 형태로 남아 있던 창조 신화에서 출발하였는데, 창조 신앙으로 등장하게 되면서 변형되었다. 즉 유혈 전투를 통해 창조를 이룬 여러 여신과 남신들의 이야기가 아니라 말씀으로 혼돈에서 만물을 만드신 유일신 하나님의 이야기로 변하게 된 것이다.

이스라엘의 창조 이야기를 자신의 것으로 만들었을 때 그들의 신앙은 변했다. 즉 어떤 보잘것없는 유목민과 그들의 부족신의 이야기가 아니라 전 세계 민족들을 향한 한 민족의 이야기가 된 것이다. 이렇게 이스라엘은 우주적인 역사 속에서 특수한 위치를 차지하고, 특별한 기능을 한다.

창조 이야기를 공부하면서 발견하게 되는 이스라엘의 신앙(그리고 우리의 신앙)은 무엇인가?

먼저 하나님의 말씀에 대한 신앙을 확인할 수 있다. "하나님이 이르시되"라는 표현이 여덟 번 되풀이되는데, 그 말씀 끝에는 어김없이 "그대로 되니라."는 구절이 나온다. 하나님 말씀의 위력을 보여 주는 것이다. 창세기 이야기는 하나님의 말씀이 결코 서술에 그치지 않는다는 점을 강조한다. 하나님의 말씀은 모든 것을 생성하고 존재하게 한다.

창조 이야기는 또한 창조의 선함을 믿는 이스라엘의 신앙을 강조한다. 하나님께서는 모든 것을 있게만 하신 것이 아니라 보기에 좋다고 선언하셨다. 창조는 선한 것이요, 우리에게 즐기도록 주어진 것이다.

그리고 창조 이야기에는 인간과 하나님의 관계에 대한 이스라엘의 신앙이 표현되어 있다. 인간은 하나님의 창조물이요, 우리는 모두 창조주 하나님과 긴밀하게 연결되어 있다.

마지막으로 신앙 고백으로서의 창조 이야기는 이스라엘의 독특한 신앙, 즉 안식일에 관한 증언으로 끝난다. 안식일 제도는 태초에 있었던 하나님의 창조 과정에서 비롯된 것으로, 거룩한 것이요 절대적인 것이라고 한다. 하나님조차 일곱째 날에 안식하셨다고 이 이야기는 증언한다.

창세기에는 두 개의 창조 이야기가 있다. 이 사실은 1700년대

에 이미 지적되었으며, 그 두 기사의 차이점과 근원을 찾아내려는 노력에서 현대 성경 연구가 출발하였다.

두 기사 중 첫째는 세밀한 시 작품이요, 둘째는 모닥불 가에서 구전되던 이야기였을 것이다. 둘째 기사에서는 시의 위엄과 무게가 아름답고 소박한 이야기로 바뀌었다.

그 다음에 나오는 이야기는 하나님과 아담의 기본 관계의 조건들을 제시한다. 아담이라는 히브리어는 흔히 '남자(man)' 로 번역되지만, 정확히 하자면 남자와 여자를 포함한 '인간' 을 뜻한다. 아담의 이야기는 아브라함의 이야기와 그 후 계속되는 역사 속에서 성취된 약속을 제공한다. 그러므로 이 이야기는 이스라엘을 위한 하나님의 특별한 활동을 설명하는 서론 역할을 한다. 그리고 점차적으로 전 세계를 위한 하나님의 목적으로 발전된다. 아브라함이 온 민족의 복의 근원이 된다.

창조 이야기를 읽으면서 우리는 그 이야기가 전해지고 또 전해지던 민족 공동체에 무엇을 의미했는지 이해해야 한다. 두 창조 기사에는 차이점이 있지만 그 두 이야기가 합하여 이스라엘의 창조 신앙을 보여 준다. 그리고 이 신앙이 우리에게 전승된 것이다. 여러 세기가 지난 지금도 과학자들은 우주가 어떻게 생겨나게 되었는지를 연구하지만 신앙인들은 적어도 왜, 그리고 무엇이, 혹은 누구의 뜻대로 창조되었는지 말할 수 있다.(B. Davie Napier)

요약

창조 이야기는 고대 신화나 과학 이론과는 구별된다. 창세기의 관심사는 신학적인 것이다. 우리가 누구이며, 왜, 어떻게 현재에 이르렀는지에 관심하는 것이다.

창조 신앙은 다음 개념들을 포함한다.

• 유일하신 하나님은 오직 말씀으로 혼돈에서 만물을 창조하셨다.

• 인류 역사에서 이스라엘의 위치와 역할은 매우 특별하다.

• 하나님의 말씀은 존재의 근원이다.

• 창조는 선하다.

• 우리는 하나님의 창조물이다.

• 안식일은 신성하고 절대적이다.

대화

창조 이야기를 역사적, 과학적으로가 아니라 신학적인 눈으로 본다는 것은 무엇을 의미하는지 이야기해 보라. 창조 이야기와 창조 신앙의 차이점에 대해 토론하라.

■ **성경과 교재(50분)**

이 부분을 위한 가장 중요한 자료는 제시된 성경과 교재를 읽으면서 적은 메모들이다. 각자가 준비해 온 새로운 정보, 질문, 통찰 등을 잘 활용할 수 있게 세밀히 계획하라.

이 성경 연구를 진행하는 동안 각각의 성경 본문이 기록될 당시의 전후 상황을 계속하여 공부하게 될 것이다. 문맥의 한 부분이 실마리가 되는 경우가 많다. 각 본문의 저작 시기를 기록하였다가 구약을 끝마칠 때와 신약을 끝마칠 때 순서대로 나열해 보라. 그러면 성경에 기록된 사건들이 일어난 시기와 그 성경 자체가 쓰인 시기를 비교할 수 있을 것이다. 이러한 작업은 개인적으로도 할 수 있고, 또 그룹 전체가 할 수도 있다.

이 과의 주제는 '경이' 인데, 매일 읽은 성경 말씀들이 이 주제와 어떤 관련이 있는지 이야기해 보라.

안식일은 모든 일을 잠시 내려놓고 쉬는 날이었다. 이 본래의 의도를 회복하려는 생각을 바탕으로 다음 질문들에 답해 보라. 안식일의 쉼을 어떻게 이해할 수 있는가? 안식일의 거룩성을 진지하게 받아들인다면, 우리 자신을 향한 태도나 하나님을 향한 태도에 어떠한 변화가 있어야 하는가? 우리의 행동에 어떤 변화가 생기겠는가? 안식일을 거룩하게 지킴으로써 어떤 복이 오는가? 사회에 어떠한 영향을 끼칠까? 기독교인들은 안식일의 휴식을 진지하게 지키려고 하는가?

두 가지 창조 이야기를 생각하면서 학생 교재 19~20쪽에 있는 질문에 답하게 하라.

■ **휴식(10분)**

■ **말씀과의 만남(25분)**

성경: 시편 8편 또는 100편

한 사람에게 본문을 큰소리로 읽게 하라. 다시 한 번 함께 읽고, 각자 써 보게 하라. 이 구절을 암송할 수 있는 사람이 있으면 기회를 주라. 전체가 같이 암송하라.

■ **제자의 모습(20분)**

그리스도의 제자는 자신이 하나님께 속한 존재임을 알고, 자신에 대한 모든 권리가 하나님께 있음을 분명히 깨닫는다.

이 거대한 우주 속에서 인간은 정말로 소중한 존재인가? '우리의 모습' 을 큰소리로 읽으라. 그 내용과 우리가 하나님께 속해 있다는 지식과 경험 사이에는 어떤 관련이 있는가? 각자 준비해 온 대답을 중심으로 충분한 시간을 가지고 토의하라.

■ **마침 기도(10분)**

03 | 인간의 반역
The Rebel People

■ 시작 기도(5분)

■ 이끄는 이야기(20~25분)

준비

모두에게 익숙한 이야기를 듣고, 그 안에서 우리가 누구이며, 하나님은 어떤 분인지 새로운 통찰을 얻으라.

옛날 옛적 신비로운 에덴동산에 한 남자와 여자, 그리고 많은 동물들이 살고 있었다. 그들에게는 그 동산을 잘 보살펴야 할 책임이 주어졌을 뿐만 아니라 원하는 대로 할 수 있는 자유가 주어졌다. 그러나 한 가지 예외가 있었다. "동산 각종 나무의 열매는 네가 임의로 먹되 선악을 알게 하는 나무의 열매는 먹지 말라. 네가 먹는 날에는 반드시 죽으리라(창 2:16~17)." 하나님의 말씀은 분명했다.

그 동산에는 말을 할 수 있는 뱀이 있었다. 그 뱀과 여자와 남자는 서로 대화하기를 즐겼던 것 같다. 어느 날 뱀과 여인이 대화하던 중 뱀이 그 여인더러 "하나님이 참으로 너희에게 동산 모든 나무의 열매를 먹지 말라 하시더냐(창 3:1)?"고 물었다. 하나님은 분명히 그렇게 말씀하시지 않았다. 여인은 난관에 봉착하였다. 하나님의 말씀에 대한 의견을 달리하는 뱀을 어떻게 설득시킬 수 있겠는가? 여인은 뱀에게 "동산 나무의 열매를 우리가 먹을 수 있으나 동산 중앙에 있는 나무의 열매는 하나님의 말씀에 너희는 먹지도 말고 만지지도 말라. 너희가 죽을까 하노라 하셨느니라(창 3:2~3)."고 대답하였다.

이 여인의 대답은 하나님의 말씀을 그대로 옮긴 것처럼 들리지만, 자세히 보면 첨가된 것임을 알게 된다. 하나님은 그 나무의 열매만은 먹지 말라고 하셨는데, 여인은 하나님께서 "만지지도 말라(창 3:3)."고 말씀하셨다고 대답했다. 어떤 사람들은 바로 이 시점에서 하나님과 인간의 격리 현상이 시작되었다고 주장한다. 물론 여인이 처음부터 뱀과 그런 대화를 하지 않았더라면 좋았으련만, 때는 이미 늦었다. 사실은 뱀의 올무에 여인이 걸린 것이다. 뱀은 이렇게 응답한다. "오, 너희는 죽지 않는다. 하나님이 그 실과를 금한 것은 너희가 그 실과를 먹는 순간 너희 눈이 뜨이고 하나님처럼 모든 것을 알게 된다는 것을 그가 아시기 때문이다." 이 말을 마친 뱀은 숲속으로 사라졌다.

여인은 홀로 남아 깊은 생각에 잠긴다. 이제 그 나무의 실과는 전혀 다르게 보인다. 한동안 뱀의 이야기를 되새기던 여인은 드디어 실과를 몇 개 따서 먹고, 그 자리에 있으면서 끝내 침묵을 지키던 남편에게도 건네준다. 그래서 남편도 그 실과를 먹는다. 뱀의

말이 옳았다. 그들은 죽지 않았다. 그 대신 자신들이 벌거벗은 것을 알게 되었다. 그래서 몸을 가리고 보이지 않는 곳에 숨었다. 히브리어로 '벌거벗다'는 옷을 입지 않았다는 뜻만이 아니라 무방비 상태에 있다는 뜻으로도 사용된다. 그들이 금지된 나무의 실과를 먹고 눈이 뜨여 발견하게 된 것은 자신들의 성(性)이 아니라 허약함이었다. 그들은 공격과 위험 앞에 무방비 상태였고, 따라서 이러한 발견은 그들을 공포로 몰아넣었다.

오후 늦게 서늘한 저녁 바람이 불어오기 시작할 때 하나님께서는 산책하기 위해 동산에 나오셨다가 그들이 보이지 않자 찾으셨다. "네가 어디 있느냐(창 3:9)?" 그러자 덤불 속에서 소리가 들려왔다. "내가 동산에서 하나님의 소리를 듣고 내가 벗었으므로 두려워하여 숨었나이다(창 3:10)." 하나님께서는 이에 응답하셨다. "누가 너의 벗었음을 네게 알렸느냐? 내가 네게 먹지 말라 명한 그 나무 열매를 네가 먹었느냐(창 3:11)?" 이에 대해 남자는 핑계를 댔다. "하나님이 주셔서 나와 함께 있게 하신 여자 그가 그 나무 열매를 내게 주므로 내가 먹었나이다(창 3:12)." 하나님은 여인에게 물으셨다. "네가 어찌하여 이렇게 하였느냐(창 3:13)?" 여인은 "뱀이 나를 꾀므로 내가 먹었나이다(창 3:13)."라고 대답했다.

이 이야기는 사실 우리 자신에 관한 이야기다. 즉 과거에 있었던 일보다 우리 자신에 관해 말해 준다.

첫째로, 인간은 잘못을 솔직히 시인하지 않고, 남에게 책임을 전가한다는 사실을 알려 준다. 자신의 행동에 본인이 책임을 지지 않고 하나님이나 부모님, 배우자나 자녀들, 그 밖의 다른 사람 탓을 한다. 둘째로, 이 이야기는 우리가 마음 깊이 알고는 있으나 인정하지 않으려 하는 인간의 상태를 말해 주는데, 그것은 우리가 두려움에 짓눌려 죽어 가고 있는 인간이라는 것이다. 우리는 신이 아니라 어디까지나 피조물이다. 이 이야기는 죄에 관하여 한 마디도 언급하지 않지만, 인간의 상태와 처한 상황에 관해서는 분명하게 말한다. 여기서 가장 중요한 개념은 '죽음'과 '두려움'이다. 여기서 말하는 두려움은 고독과 소외에서 비롯된 불안과도 연관되겠지만 주로 죄책감에서 나오는 두려움이다. 구약성경에서 죽음은 물론 생리적인 활동의 종식을 의미할 수 있다. 그러나 연령이나 질병, 인간이 통제할 수 없는 형편 등 어떤 이유에서든 인간이 제 기능을 발휘하지 못하는 상태를 나타내기도 한다. 죄책도 그 이유가 된다. 셋째로, 이 이야기는 인간이 어떻게 그런 상태에 빠지게 되었는지를 설명하는데, 집단적, 개인적으로 하나님을 믿고 하나님의 길을 따르는 대신 자신을 신뢰하고 자신의 길을 걸어가기로 선택했기 때문이라는 것이다. 그 결과 인간은 하나님으로부터, 그리고 인간들 사이에서도 소외된 자신을 발견하게 된다.

에덴동산의 아담과 하와의 이야기는 우리에게 얼마나 하나님

이 필요한지를 알려 준다. 이 성경 연구가 이 필요성을 항상 상기시킨다면 매우 큰 의미가 있을 것이다.(William Power)

요약

하나님이 동산 중앙에 있는 나무의 열매는 먹지 말라고 하셨다. 뱀이 하나님의 말씀을 잘못 인용했다. 하와는 하나님의 말씀에 자기 소견을 덧붙였다. 하나님께 불순종했을 때의 결과를 뱀은 제멋대로 이야기했다(죽지 않는다. 하나님처럼 될 것이다.). 인간은 자신이 벌거벗었음을 깨달았다. 벌거벗음은 무력한 존재, 무방비하게 노출된 존재, 공포에 휩싸인 존재를 의미한다.

인간은
- 타인에게 책임을 전가한다.
- 공포에 떨며 죽어 간다.
- 죄책감으로 가득 차 있다.
- 하나님을 신뢰하기보다 자기 자신을 의지한다.
- 하나님과 다른 이들에게서 소외된 존재다.

아담과 하와의 이야기는 인간에게 하나님이 얼마나 필요한지를 말해 준다.

대화

파워 박사의 글에서 얻은 새로운 통찰에 관해 이야기하라. '죄'라는 단어가 이야기에 사용되지 않았음을 상기하라. 여기서 '죄'라는 개념이 어떻게 적용되는지 이야기해 보라.

■ 성경과 교재(50분)

창세기 이야기에 대한 바른 이해를 위해 만물이 어떻게 현재 상태로 창조되었으며, 우리가 누구이며 하나님은 어떤 분인지 등에 관해 이야기하라. 그 성경 본문은 우리 자신에 관해 무엇을 가르쳐 주는가? 또한 다른 사람들과의 관계에 대해, 우리와 하나님의 관계에 대해 무엇을 가르쳐 주는가?

본문에서 몇 가지 신학적 개념들을 이끌어낼 수 있다. 타락, 원죄, 인간 존재의 죄악성, 자유의지나 선택의 자유, 고백, 회개 등이다. 이러한 개념들에 관한 질문에 대답을 준비하고, 그 외에도 필요한 정보들을 수집하라.

'우리의 모습'의 설명을 교재에 제시된 성경 본문 연구의 시발점으로 사용하라. 각자의 '아담과 하와 이야기'를 읽고 토의하게 하라. 어느 활동을 하든지 끝나면 시편 51:1~12를 다 같이 큰소리로 읽게 하라.

네 사람씩 짝을 지어 죄가 인간생활에 미치는 영향에 대해 연구하라. 첫째 그룹은 예레미야 8:18~9:11을, 둘째 그룹은 사무엘하 11:1~12:7을, 셋째 그룹은 로마서 1:18~2:1을 본문으로 지정하여 주라. 본문을 읽고 유혹, 반역, 소외, 악함, 관계, 자유, 은혜 등을 찾아내고, 이러한 경험들 중 어느 한 가지라도 존재하는 경우, 그것이 인간의 삶에 미치는 영향은 무엇인지를 확인하라.

■ 휴식(10분)

■ 말씀과의 만남(25분)

성경: 창세기 9:1~19

한 사람에게 본문을 소리 내어 읽게 하라. 이 구절은 하나님에 대해 무엇을 말하는가? 우리에 대해 무엇을 말해 주는가? 하나님과 우리의 관계에 대해 무엇을 말해 주는가?

■ 제자의 모습(20분)

그리스도의 제자는 인간의 반항심을 인정하고, 죄에 대한 자신의 책임을 받아들이며, 회개한다.

위의 진술을 중심으로 반성, 응답, 토의를 하게 하라. 다시 한 번 '우리의 모습'과 '제자의 모습'을 읽으며 연관성을 환기시키라.

■ 마침 기도(10분)

■ 시작 기도(5분)

■ 이끄는 이야기(20~25분)

준비

하나님의 부르심과 언약은 항상 함께한다. 랍비 펄크의 글에서 소명과 언약의 관계성을 찾으라.

구약성경에서 가장 중요한 단어 중 하나는 '베리트(berit)', 즉 언약으로, 일찍이 하나님이 아브라함과 우리와 맺은 언약을 의미한다. 그 언약은 우리를 하나님께 묶어 주고, 하나님을 섬기고 그의 율법을 따르게 한다. 그러나 우리가 하나님과 이스라엘 간의 언약에 도달하기 전에 창세기 9장을 보면 우주적인 언약이 있음을 알게 된다.

"내가 구름으로 땅을 덮을 때에 무지개가 구름 속에 나타나면 내가 나와 너희와 및 육체를 가진 모든 생물 사이의 내 언약을 기억하리니 다시는 물이 모든 육체를 멸하는 홍수가 되지 아니할지라. 무지개가 구름 사이에 있으리니 내가 보고 나 하나님과 모든 육체를 가진 땅의 모든 생물 사이의 영원한 언약을 기억하리라. 하나님이 노아에게 또 이르시되 내가 나와 땅에 있는 모든 생물 사이에 세운 언약의 증거가 이것이라 하셨더라(창 9:14~17)." 이것은 생명 보존에 대한 우주적 언약이다. 하나님이 생명 보존을 약속하셨듯이 인간도 생명을 경외하여야 함을 상기시켜 준다.

유대교 전통에서 아브라함과 맺으신 하나님의 언약에는 두 가지가 있다. 첫째는 할례의 언약이다. 아브라함은 이삭이 태어난 지 8일 만에 그에게 할례를 베풀었다. 그로부터 오늘날까지 하나님이 아브라함과 세우신 생명의 언약을 기억하기 위해 히브리 사내아이는 모두 할례를 행한다. 오늘날 유대인들은 할례로 인을 치신 언약을 가지고 있을 뿐만 아니라 여자아이를 위한 특별한 축복 의식을 행한다. 즉 유대인들은 모두 태어나는 순간부터 하나님을 섬긴다는 하나의 증표로서 이러한 의식을 함께 행한다.

이에 못지않게 중요한 것이 땅의 언약이다. 하나님은 아브라함에게 "너는 너의 고향과 친척과 아버지의 집을 떠나 내가 네게 보여 줄 땅으로 가라. 내가 너로 큰 민족을 이루고 네게 복을 주어 네 이름을 창대하게 하리니 너는 복이 될지라. 너를 축복하는 자에게는 내가 복을 내리고 너를 저주하는 자에게는 내가 저주하리니 땅의 모든 족속이 너로 말미암아 복을 얻을 것이라(창 12:1~3)." 고 하셨다. 그 즉시 아브라함은 약속의 땅을 향해 길고 고통스러운 여행길에 나선다. 그리고 하나님이 지시한 땅에 도착하자 창세기 17장에서 보듯이 하나님과 언약 관계에 들어가게 된다. "내가

내 언약을 나와 너 및 네 대대 후손 사이에 세워서 영원한 언약을 삼고 너와 네 후손의 하나님이 되리라. 내가 너와 네 후손에게 네가 거류하는 이 땅 곧 가나안 온 땅을 주어 영원한 기업이 되게 하고 나는 그들의 하나님이 되리라."(창 17:7~8)

이스라엘은 여러 세기를 거쳐 이 땅을 소유함으로 그들을 하나님께 묶어 준 언약을 중시했다. 그들은 그 땅에서 하나님을 섬기고, 하나님은 그들에게 평화와 자유의 삶을 주실 것이다.

또 한 가지 중요한 것은 시내 산에서 하나님이 모세에게 주신 율법(토라)의 언약이다. 이 율법은 곧 모세오경으로서 이스라엘 백성을 하나님께 묶어 주고, 하나님과 이웃을 섬기는 삶을 살게 해 주는 모든 윤리의 법을 집대성해 놓은 것이다. 율법서는 삶의 기초를 제공한다. 율법은 모든 세대가 하나님과의 언약을 갱신하고, 그의 계명을 따라 살도록 도전한다. 그러므로 율법은 잠언의 기록대로 생명나무가 된다. 율법을 지키는 자는 즐겁고 행복하다.

이러한 땅의 언약과 율법의 언약은 오늘날의 유대인들에게도 대단히 귀중한 것이다. 1948년에 유엔(UN)이 그 약속된 땅에 이스라엘 국가를 세우고 압박과 박해 아래 있던 수백만 유대인의 귀환을 허용하였을 때 그들은 모두 기뻐했다. 율법은 예나 지금이나 삶의 바른길이다. 즉 하나님의 율법대로 살고 그것을 후대에 전수함으로써 우리는 하나님과 이웃을 올바로 섬길 수 있게 된다. 이러한 율법의 기능이 이스라엘의 선민의식을 확증한다. 우리도 선택받은 백성이다. 그것은 하나님으로부터 특혜를 받아서가 아니라 하나님의 도덕법을 후세에 전수함으로써 우리 자신만이 아니라 전 인류에게 자유와 평화의 세계가 주어질 것을 기대하게 하셨기 때문이다. 예레미야 예언자가 그 언약의 갱신을 외친 것처럼 우리도 오는 세대마다 이 언약을 갱신해야 한다. "그날 후에 내가 이스라엘 집과 맺을 언약은 이러하니 곧 내가 나의 법을 그들의 속에 두며 그들의 마음에 기록하여 나는 그들의 하나님이 되고 그들은 내 백성이 될 것이라. 여호와의 말씀이니라. 그들이 다시는 각기 이웃과 형제를 가리켜 이르기를 너는 여호와를 알라 하지 아니하리니 이는 작은 자로부터 큰 자까지 다 나를 알기 때문이라. 내가 그들의 악행을 사하고 다시는 그 죄를 기억하지 아니하리라. 여호와의 말씀이니라(렘 31:33~34)." (Randall M. Falk)

요약

구약성경의 '베리트(berit)'는 '언약'을 의미한다.
무지개는 생명 보존을 위한 하나님의 우주적 언약의 상징이다.
하나님은 아브라함과 언약을 맺으셨다.
• 남자아이를 위한 할례의 언약(현대 관습으로는 여자아이를 위한 축복 의식도 포함된다.)

• 하나님을 섬기며 자유롭고 평화롭게 살도록 묶어 주는 땅의 언약
• 율법(토라)의 언약

율법의 언약은 도덕적이고 윤리적인 법을 포함하는데, 이스라엘을 하나님과 묶어 주고, 그들에게 하나님과 인간을 섬기는 생활 방법을 제시한다.

유대인들은 자기들이 어떤 특권을 받아 선택된 것이 아니라 하나님의 도덕적인 율법을 미래의 세대에 전달할 목적을 위해 선택된 백성임을 알고 있었다.

여러 세대에 걸쳐 유대인들은 언약을 새롭게 했는데, 예레미야 31:33~34에 따르면 그것은 곧 마음에 새겨진 언약이었다.

대화

하나님의 부르심과 언약의 관계를 분명히 이해할 수 있게 이끌라.

■ 성경과 교재(50분)

이 과에서는 이스라엘의 역사를 배우게 된다. 6과를 보면 주요 사건들의 연대표가 있는데, 이것을 더 세밀히 작성할 수 있다. 각자 자기만의 연대표를 만들 수 있게 도와주라.

이 과는 하나님과 특수한 사명을 띤 백성 간의 언약을 소개한다. 이 주제는 앞으로 남은 성경 연구에 도움이 될 것이다. 언약에 관해 토의할 때, 하나님께서 아브라함과 맺은 언약은 세 가지임을 특별히 염두에 두라.

이스라엘의 역사는 지리와 밀접히 연관되어 있다. 성경책과 교재에 있는 지도를 적절히 사용하라. 성경을 읽으면서 하나님께서 목적하신 바를 이행하기 위해 어떻게 사람들을 선택했으며, 또 그의 언약을 보호·유지하기 위해 어떤 방법을 사용하셨는지 연구한 것을 가지고 토의하라. 제시된 성경 본문에서 특별한 사명을 위해 부름 받은 백성을 상징하는 한 사람을 선택하게 하고, 그의 관심거리가 무엇이며 하나님이 그를 통해 어떤 일을 하셨는지를 이야기하게 하라.

서너 명씩 짝을 지어 '성경의 가르침'에 있는 물음에 대한 각자의 답을 중심으로 이야기를 나누게 하라

교재에 제시된 '더 알아보기'의 과제를 연구한 사람이 있으면 발표하게 하라.

■ 휴식(10분)

■ 말씀과의 만남(25분)

성경: 창세기 32:9~32

본문을 다 같이 큰소리로 읽으라. 이 구절은 하나님에 대해 무엇을 말하는가? 인간에 대해 무엇을 말하는가? 하나님과 우리의 관계에 대해 무엇을 말하는가?

■ 제자의 모습(20분)

그리스도의 제자는 믿음의 언약 공동체의 일원이 되라는 하나님의 부르심에 응답하고, 하나님과 맺은 언약에 헌신할 것을 십일조로 표현한다.

이 과의 첫머리에 있는 '우리의 모습'을 큰소리로 읽으라. 그런 후에 다음 질문을 중심으로 토의하라. 어떤 종류의 소명이 사람들을 이끄는 힘을 가지고 있는가?

'제자의 모습'에 제시된 질문에 답한 것을 가지고 함께 토의하라. 이 교재를 공부하면서 십일조를 드리기로 결단하는지 물어보라. 이는 자신을 초월하는 희생이 요구되는 부르심이다.

■ 마침 기도(10분)

■ 시작 기도(5분)

■ 이끄는 이야기(20~25분)

준비

유월절은 유대인들에게 가장 즐거운 명절이다. 이 절기에 대한 펄크의 설명을 통해 기쁨과 감사의 의미를 알아보라.

세계 도처에서 인간은 자유를 위한 투쟁을 계속하고 있다. 억압 상태에서 도피했거나 구원받은 백성은 유대 백성이 유월절에 느끼는 깊은 감정을 이해할 수 있을 것이다.

매년 유월절이 되면 유대인들은 조상들이 애굽의 포로생활에서 구원받은 때를 돌아보고, 그들이 당했던 고통과 질고, 그리고 구원의 환희를 기억한다.

출애굽기는 히브리인들의 종살이와 모세를 통한 해방의 과정을 기록한 책이다. 고대로부터 지금까지 타국의 압제에서 신음하는 민족들은 자유에 대한 자신들의 꿈을 지키기 위해 하나님이 이스라엘 백성을 위해 행하신 출애굽 사건의 기록을 사용했다.

유대인들은 세 가지 큰 절기를 지킨다. 첫째는 유월절이다. 유월절은 역사적인 면에서, 농경적인 면에서 중요한 의미가 있다. 밀의 수확기인 이 절기에 유대인들은 예루살렘 성전에 올라가 감사의 제물을 드렸다. 이들은 '세데르(seder)'라는 종교 의식의 만찬을 먹으며 유월절을 축하했다. '세데르'는 규례라는 뜻으로, 그들은 이것으로 땅의 소산을 주신 하나님께 감사할 뿐만 아니라 애굽의 종살이에서 해방된 역사적인 사건과 모세의 영도 아래 40년간 계속된 약속된 땅을 향한 긴 고난의 길을 상기한다. 유대인들의 역사뿐만 아니라 세계 역사에서도 매우 중요한 이 역사적 사건은 유월절에 각 가정에서 '세데르' 식사를 나눔으로써 기념하는데, 여기에는 여러 가지 상징이 사용된다. 그 중에 가장 중요한 것이 무교병인데, 유대인들은 옛 조상들이 출애굽 때 무교병을 먹었던 것을 기억하며 7일 동안 이것을 먹는다. 이 이야기는 출애굽기 13장에 나온다. "모세가 백성에게 이르되 너희는 애굽 곧 종 되었던 집에서 나온 그 날을 기념하여 유교병을 먹지 말라. 여호와께서 그 손의 권능으로 너희를 그 곳에서 인도해 내셨음이니라. … 네 조상들에게 맹세하신 바 젖과 꿀이 흐르는 땅에 이르게 하시거든 너는 이 달에 이 예식을 지켜 이레 동안 무교병을 먹고 일곱째 날에는 여호와께 절기를 지키라."(출 13:3~6)

오늘날도 유대인들은 1주일 동안 유월절을 지키는데, 삶의 기쁨을 상징하는 포도주 잔을 서로 부딪치면서 시작한다. 유월절 식탁에는 또 파슬리를 놓는데, 이것은 땅에서 자라는 식물을 상기시키는 상징이 된다. 그런데 유대인들은 이것을 짠 소금물에 찍어서 먹는다. 이는 즐겁고 감사한 순간에도 옛 조상들의 눈물을 자아냈던 억압의 고통을 상기시키기 위함이다. 그리고 매운 고추냉이도 식탁에 올리는데, 이것도 역시 탄압을 받던 종살이 시절을 상기시킨다. 이 밖에도 사과와 꿀과 땅콩류의 혼합물을 놓는데, 이것은 히브리 민족이 애굽에서 피라미드를 지으면서 짚 없이 벽돌을 만들기 위해 사용했던 진흙을 상징한다. 그리고 구운 달걀은 생명의 재생과 지구상에 있는 하나님의 백성을 상기시킨다. 구운 양의 뼈는 첫 유월절에 잡은 양을 상징하는 것으로, 유대인들이 출애굽으로 얻은 자유를 기뻐 경축하는 첫 공동 식사에 사용하기 위해 잡은 양을 의미한다. 마지막으로 유월절 식탁에는 엘리야의 잔이 놓이는데, 이는 메시아의 오심을 전하기 위해 올 예언자가 바로 엘리야이며, 그 날이 되면 하나님의 정의와 자유와 평화의 왕국이 이 땅에 다시 건설될 것이라는 신앙의 표현이다.

유월절은 가족적인 절기로서, 유대인들은 특히 위대한 역사적 사건, 즉 출애굽 사건을 자녀들에게 이야기해 주는 기회로 삼는다. 자녀들은 식사 중에 여러 가지 질문을 한다. 예를 들면 이런 것들이다. "이 밤이 다른 밤들과 다른 이유가 뭐예요?"

유월절은 유대인들뿐만 아니라 기독교인들에게도 중요하다. 많은 기독교 학자들은 예수께서 제자들과 더불어 최후의 만찬을 나누신 것이 바로 이 유월절 식사였다고 믿는다. 그리고 예수님 자신이 유월절 양이 되심을 말씀하셨다. 그러므로 유대인과 기독교인은 이 구속과 해방의 이야기에서 자신을 다시 헌신하는 계기를 찾아야 한다. 또한 양심의 자유, 자유의 땅으로의 육신적 해방, 그리고 무엇보다 하나님을 경외하며 섬길 수 있는 자유를 회상하며 감사해야 한다.

유대인들은 7일 동안 유월절을 기념하는데, 첫날은 가정에서 '하가다(Haggadah)'라는 기도서를 사용하여 특별 가정 예배를 드린다. 이 기도서는 첫 유월절의 해방 이야기를 전해 준다.

하나님께서 큰 고통에서 해방시켜 주신 일이 있는가? 그렇다면 어떻게 그 중요한 사건을 상기하며 경축하는가? 성경에서 출애굽 기사를 읽고 명상할 때, 우리는 하나님의 자유하게 하시는 권능이 지금도 역사하고 계심을 발견하게 된다.(Randall M. Falk)

요약

유월절은 농경적으로나 역사적으로 모두 의미가 있다.

• 농경적으로 유월절은 밀을 추수하는 계절에 들어 있는데, 땅의 소산물로 하나님께 감사하는 절기다.

• 역사적으로 유월절은 히브리 민족의 해방과 약속된 땅으로의 여정을 기억하는 절기다.

유월절에는 '세데르' 라고 부르는 만찬 의식을 행하면서 축하하는데, '세데르' 는 규례를 의미한다.

유월절은 가족이 모여 지키는 절기로, 자녀들에게 조상들이 겪었던 역사적인 사건을 이야기해 주기 위해 질문들을 사용한다.

유월절은 유대인들뿐만 아니라 기독교인들에게도 중요한 의미가 있다. 예수님과 제자들의 마지막 만찬이 '세데르' 식사였던 것 같다.

유월절은 7일간 계속되는데, 첫날은 '하가다' 라는 특별 기도서를 가지고 예배를 드리는 것으로 시작한다.

대화

두 사람씩 짝을 지어 유대인들이 경험하는 유월절의 즐거움과 구원의 의미에 대해 이야기하고, 자신이 성만찬 예식에 참여할 때 갖게 되는 느낌과 비교하게 하라.

■ 성경과 교재(50분)

출애굽 사건의 중요성은 아무리 강조해도 지나치지 않다. 이스라엘 역사는 언제나 출애굽이라는 안경을 통해 보아야만 한다. 이 사실은 이스라엘 백성과 하나님의 관계를 이해할 때 어떤 의미가 있는지 질문하라.

출애굽 사건이 일어난 시기와 출애굽기의 기록 배경을 알아보라.

출애굽 당시 중요 역할을 한 인물들에 대해 알아보라. 그들의 이름을 한 사람씩 부르고, 그 인물에 대한 여러 정보들을 기록하게 하라. 십브라와 부아, 모세의 어머니 요게벳, 모세의 누이 미리암, 바로의 딸, 모세, 아론, 바로 등이다.

출애굽 이야기 전체에서 위기나 전환점들을 찾아내어 기록하게 하라. 새 왕이 왕위에 오른 것에서 시작하여 시내 광야로의 진입으로 끝나는 이야기에서 주요 국면들을 찾으라. 각 대목에서 다음 질문을 중심으로 토의하라. 큰 고비에 직면한 이스라엘 민족은 다시 한 번 출애굽의 역사를 되돌아보며, 하나님을 이 위기에서 어떻게 역사하시는 분으로 이해했는가?

출애굽에 대한 지식과 정보를 공유하는 방법으로, '이야기 이어가기' 를 적용해도 좋다. 첫 번째 사람이 이야기를 시작해 그가 할 수 있는 데까지 진행시킨 후 다음 사람이 받아 또 그가 할 수 있는 데까지 계속한다. 이렇게 이야기가 완성될 때까지 진행한다.

■ 휴식(10분)

■ 말씀과의 만남(25분)

성경: 출애굽기 3:1~4:17

본문을 함께 큰소리로 읽으라. 이 구절은 하나님에 대해 무엇을 말하는가? 하나님과 우리의 관계에 대해 무엇을 말하는가?

■ 제자의 모습(20분)

그리스도의 제자는 구원의 메시지를 전하라는 하나님의 부르심을 듣고 이에 순종한다.

'제자의 모습' 에 있는 질문에 답할 때 '우리의 모습' 의 내용을 상기하게 하라. 오늘날 충성스러운 신자가 잊지 말아야 할 하나님의 구원의 메시지는 무엇인지 함께 생각하라.

■ 마침 기도(10분)

06 | 율법을 주신 하나님
God Sends the Law

■ 시작 기도(5분)

■ 이끄는 이야기(20~25분)

준비

토의를 시작하기 전에 다 같이 출애굽기 20:1~17을 큰소리로 읽으라. 토의의 주제와 내용을 알 수 있다.

1. 십계명이란 무엇인가?

이스라엘 민족이 십계명을 받은 과정을 설명하라.

십계명은 (대부분) '… 하지 말라.'는 형식의 짧은 문장들로, 인생을 망치고 공동체의 삶을 파괴하는 인간의 행위들을 분명하게 기술한다.

2. 십계명은 어떻게 구분할 수 있는가?

크게 네 그룹으로 나뉜다.

1) 처음 세 가지 계명은 우리의 삶을 완전히 하나님의 뜻에 바치기를 요구한다. 다른 신에게 절하지 말라. 신의 형상을 만들지 말라. 하나님의 이름을 남용하지 말라.

2) 다음 두 계명은 안식일 준수와 어른 공경에 관한 것이다. 일곱째 날은 하던 일을 멈추고 쉬라. 안식은 일 자체만큼 중요하다. 일과 수고를 멈추고, 쉬고 예배하고 삶을 즐기는 시간을 갖는 것이 하나님의 뜻이다. 어른들을 존경하라.

3) 세 번째 그룹은 살인과 간음에 관한 것이다. 생명은 하나님께 속한 것이므로 인간은 항상 생명을 존중하고 소중히 여겨야 한다. 생명을 해치는 것은 다른 생명을 보호하기 위해서일 때만 허용된다. 예를 들면, 다른 사람을 죽이려고 하는 사람을 막는다든지 히틀러처럼 잘못된 지도자를 막기 위해 여러 나라가 개입하는 일은 정당화된다. 한편 율법은 배우자와의 성 관계만을 허용한다. 일시적이고 쾌락만을 추구하는 성 관계나 결과를 생각하지 않는 성 관계, 또는 강압적인 성 관계는 절대로 허용되지 않는다.

4) 네 번째 그룹에 속하는 세 계명은 도둑질, 거짓 증언, 다른 이에게 속한 사람이나 물질에 대한 탐욕을 금한다. 물질의 유혹은 인간을 병들게 하고 결국은 타락으로 몰아간다. 증언은 언제나 신빙성이 있고 진실하며 건전해야만 한다.

3. 이 계명들이 어떻게 우리를 도와주는가?

1) 십계명은 이스라엘이 하나님의 선택받은 백성임을 확증하였다. 하지만 우리에게는 인간의 삶을 파멸시킬 수 있는 행위 중에 가장 중요한 것들을 보여 준다는 점에서 더욱 큰 의미가 있다.

2) 이 계명들을 더 깊고 진지하게 연구할 때, 우리는 삶에 필요한 적극적인 지침을 얻을 수 있다.

무엇을 하든지 하나님의 이름과 권세를 남용하지 말라. 그 대신 생명의 근원이며 인도자이신 하나님께 자신을 드리라.

일을 삶의 목적으로 삼지 말라. 일손을 놓고 쉬고, 기도하고, 하나님을 예배하고, 다른 피조물들과 함께 기쁨을 누리라.

이용 가치에 준해 생명을 평가하지 말라. 나이든 사람들을 존경하라. 그들을 무시하거나 소외시키지 말라.

다른 사람의 생명과 소유물을 무가치하게 여기지 말라. 생명을 존중하고, 다른 사람들을 존경하라.

3) 이 짧은 계명들은 인간 생활의 기본 자세를 강조한다. 하지만 우리가 알아야 할 모든 것을 말해 주지는 않는다. 그리고 율법주의처럼 '하라', '하지 말라'로 우리를 얽매지 않는다.

4. 십계명은 정말 모세로부터 왔는가?

그것은 분명치 않다. 그러나 십계명은 처음부터 이러한 형태로 주어졌고, 모세 시대부터 존재하게 된 것일 수 있다. 고대의 다른 법문서들에 이와 비슷한 내용이 있으나 십계명 전체를 포함한 문서는 찾아볼 수 없다. 안식일 준수와 신의 형상을 만들지 말라는 계명은 고대의 율법 중에 매우 특이한 조항이다.

5. 십계명에는 '… 하지 말라'는 부정형의 조항이 많다. 하나님과 이웃에 대한 사랑을 강조한 신약성경의 적극적 가르침이 더 좋지 않은가?

결론으로 말하면, 우리에게는 두 가지 모두 필요하다. 십계명은 하나님이 절대적으로 하지 말라고 하신 것을 수용하고, 공동체생활을 의미 있게 하는 것을 찾게 만든다. 우리는 하나가 되기를 원하는데 이 세상에 하나님이 한 분뿐이라는 것은 얼마나 복된 말씀인가! 우리는 자신의 종교관을 남에게 주입시키기 쉬운데, 세 번째 계명은 이러한 행위를 금한다. 또한 포악한 말이나 행동으로 남을 해칠 때가 많은데, 여섯 번째 계명은 이를 허용하지 않는다. 일곱 번째 계명과 열 번째 계명은 다른 이의 사람이나 소유물을 내 것으로 만들려는 우리의 욕망을 억누른다.

결론적으로 십계명은 이 세상에 절대적으로 필요하다. 우리의 행동을 제재하고, 반성하게 하며, 멸망으로 인도하는 길을 알게 하고, 참된 길을 다른 사람들과 함께 찾게 해 준다.(Walter Harrelson)

요약

모세는 시내 산에서 하나님께로부터 십계명을 받았다.

십계명의 대부분은 '… 하지 말라'는 표현으로 되어 있는데, 그것은 십계명이 공동체생활을 파괴하는 여러 가지 행동을 설명하기 때문이다.

십계명은 네 그룹으로 나뉜다.

• 처음 세 계명은 우리의 삶을 완전히 하나님의 뜻에 내맡길 것을 요구한다.

• 다음 두 계명은 안식일을 지키고, 부모를 공경하라는 요구다.

• 셋째 그룹인 살인하지 말라, 간음하지 말라는 계명은 생명은 하나님께 속한 것이며, 인간은 생명을 소중히 여겨야 한다는 사실을 강조한다.

• 넷째 그룹인 세 가지 계명은 도둑질하지 말고, 거짓 증거 하지 말며, 남의 물건을 탐내지 말라는 것이다.

이러한 부정형의 명령은 지키지 않았을 때 우리의 생명을 파괴하는 삶의 중요한 단면들을 보여 준다.

우리는 이 금지 명령들을 깊이 있게 연구함으로, 그 안에서 삶을 위한 긍정적인 지침을 찾아야 한다.

십계명의 어떤 부분들은 다른 자료에서도 비슷한 내용을 찾아볼 수 있지만, 열 가지 계명이 똑같은 형태로 되어 있는 자료는 어디에도 없다. 해럴슨 교수는 십계명이 하나님의 인도로 모세에 의해 시작된 것으로 믿는다고 고백한다.

십계명의 부정형 명령과 신약성경의 긍정적 권고 모두 우리에게 필요하다.

대화

다음 질문을 가지고 함께 토의하라. 만일 부정형의 계명이 긍정형으로 된다면 무엇이 결여되는가? 이 질문에 답하기 위해 십계명 전체를 긍정형의 명령문으로 바꾸어 보라.

■ 성경과 교재(50분)

제시된 성경 구절과 각자 연구한 것을 토대로 토의를 진행하되 다음 세 가지 목표를 염두에 두라. 율법(토라)의 의미와 기능을 이해하기 위해, 율법에서 히브리인들을 구별된 백성으로 규정한 의미를 발견하기 위해, 하나님이 백성에게 주신 율법 안에서 확증된 하나님의 성품을 배우기 위해.

율법에 관한 성경 말씀은 율법을 받은 모세에 대해 더 잘 알게 해 준다. 소그룹으로 나누어 성경 구절들을 지정해 주고, 하나님으로부터 율법을 받아 사람들에게 전해 준 모세에게서 무언가 발견할 수 있게 도우라.

제시된 성경 구절 중 몇 구절을 암송하면 좋다. 그 중 둘은 십계명이고, 신명기 6:4~9는 첫째 계명을 자세하게 설명한 것이다.

■ 휴식(10분)

■ 말씀과의 만남(25분)

성경: 신명기 8장

한 사람에게 본문을 읽게 하라. 이 성경 구절은 하나님에 대해 무엇을 말하는가? 사람에 대해서는 무엇을 말하는가? 하나님과 인간의 관계에 대해서는 무엇을 말하는가?

■ 제자의 모습(20분)

그리스도의 제자는 하나님의 율법을 행함으로 그것을 지킨다.

이 부분에서 요구하는 응답은 '우리의 모습'의 내용과 직접적인 연관이 있다. 전체 모임이나 소그룹 모임 어느 모임에도 적절하다. 몇 사람에게 이 과의 성경 말씀이 말하는 제자란 어떤 사람인지 교재에 적은 자신의 답을 발표하게 하라.

■ 마침 기도(10분)

07 | 가까이 오시는 하나님
When God Draws Near

■ 시작 기도(5분)

■ 이끄는 이야기(20~25분)

준비

찬양과 감사, 참회, 용서, 하나님과의 일치는 고대와 현대 히브리 민족의 예배의 특징이다. 펄크의 글에서 이 주제들에 특별히 주의를 기울이라.

하나님께서는 모세를 통해 광야에서 방황하던 이스라엘 백성에게 번제, 속죄제, 속건제, 위임식 수양제, 화목제를 드리라고 명령하셨다. 레위기에 기록된 이러한 용어들은 이스라엘 백성이 제물을 바쳐 하나님께 감사와 간구의 예배를 드렸음을 상기시킨다. 고대 이스라엘 백성은 하나님께서 복을 내려 주신 제물을 하나님과 같이 나눔으로써 하나님께 더 가까워진다고 생각했다.

이스라엘 백성이 약속의 땅에 정착했을 때, 그들은 예루살렘에 성전을 건립하고 이 희생 제물들을 기도와 찬양과 감사의 시로 바쳤다. 순례의 축제를 위하여 그들은 1년에 세 번씩 예루살렘에 올라와 절기를 지켰다. 순례의 축제는 가을에 행한 추수감사절, 초봄에 행한 유월절과 7주 후에 지킨 추수와 옥토를 축하하는 축제일이었다. 이러한 축제들은 팔레스타인 전역에 흩어진 백성이 한자리에 모여 희생 제물을 바치며 감사의 예배를 드릴 수 있는 좋은 기회가 되었을 뿐만 아니라 노래와 춤과 기도를 함께 나누는 기회가 되기도 했다. 이 축제들은 고대나 현대를 막론하고 이스라엘 백성에게 거룩한 날이다. 유대인들의 종교 달력에 따르면, '로쉬 하샤나(Rosh Hashanah, 새해)'는 가을에 시작된다. 이 무렵 유대인들은 자신의 죄를 생각하고, 용서를 빌며, 새해에는 더 나은 삶을 살 것을 새롭게 다짐한다. 세계 각처에 흩어져 사는 유대인들은 회당이나 성전에 모여 구약성경에 기록된 가장 오래된 악기인 수양의 뿔로 만든 양각을 불어 예배를 시작한다. 이것은 유대인들을 회개와 갱신으로 초대한다.

'로쉬 하샤나'와 '욤 키푸르(Yom Kippur, 속죄일)'는 10일 간격으로 있으며, '욤 키푸르'에는 유대인들이 회당이나 성전에 모여 자신의 잘못에 대해 용서를 빌고 하나님과 하나가 되기를 기도한다. '욤 키푸르'는 유대인들에게 가장 성스러운 날 중 하나다. 유대 전통에 따르면 '욤 키푸르'는 금식하는 날이다. 회당에서 하루 종일 금식하면서 기도와 참회의 노래를 부르며 보낸다. 이 노래는 '콜 니드레(Kol Nidre)'라고 불리며, 그 내용은 지난해에 맹세한 것들을 다 이행하지 못한 것에 대해 사죄를 구하는 것이었다.

물론 유대인의 전통에서 가장 중요한 축제는 안식일이다. "안식일을 기억하여 거룩하게 지키라. 엿새 동안은 힘써 네 모든 일을 행할 것이나 일곱째 날은 네 하나님 여호와의 안식일인즉 … 아무 일도 하지 말라(출 20:8~10)." 안식일은 가정 축제였다. 유대인 가정에서 안식일은 금요일 오후에 시작되며, 어머니가 안식일 촛불을 위해 기도하고 아버지는 잔을 높이 들고 '키두시(Kiddush)'라는 기도를 한다. 그리고 온 가족이 매주 축제의 음식을 같이 먹는다. 그 후 안식을 영접하는 노래를 부르고 식구들이 함께 성전으로 간다. 성전에서 그들은 공동 예배를 드린다. 유대인들은 정해진 예문을 가지고 예배를 드리는데, 이러한 예문들은 대부분 9~10세기까지 소급해서 올라갈 수 있으나 시편보다 더 오래된 기도문들도 많다. 그들은 금요일에 같이 노래하고 기도하면서 안식일을 영접하고 토요일에도 그렇게 한다. 대신 토요일에는 제2성전 때 에스라가 율법(토라)을 읽었듯이 율법을 읽는다. 매주 읽는 율법 구절은 하나님과의 언약과 이러한 전통들과 관련되어 있다.

안식일은 또한 개인을 위한 축제일이기도 하다. 유대인들은 '바르 미츠바(Bar Mitzvah)'를 안식일에 행한다. '바르 미츠바'는 유대인 소년이 13세가 되면 종교적 성년이 된 것을 기념하여 특별 축하를 해 주며, 예배 때 율법을 낭독하는 축하연을 베푸는 날이다. 그들은 이 날 율법을 공부하고, 기도하며, 병든 자를 방문하고, 안식일은 영적인 면을 다루는 날로서 다른 여섯 날들과 완전히 구별되는 날이라는 사실을 나누면서 축하한다. 안식일은 이렇게 개인적으로도 새로워지는 날이며, 하나님께 다시 헌신하는 날이고, 무엇보다도 기쁜 날이다. 시대를 초월하여 이스라엘 백성은 안식일을 하나님과 맺은 언약을 지키는 날로 기념할 것이다.(Randall M. Falk)

요약

이스라엘 어린이들은 먼저 희생과 감사의 제물, 탄원기도 등을 통해 하나님께 예배하였다.

순례자의 추수 축제들, 유월절, 몇 주간에 걸친 연회들은 희생과 음악, 춤과 기도 등으로 예배하는 시간이었다.

유대인의 종교 달력은 새해, 즉 '로쉬 하샤나'로 시작된다.

'욤 키푸르', 즉 속죄일은 '로쉬 하샤나'로부터 10일 후다.

• 금식, 기도, 참회의 노래를 부르고, 서약을 이행하지 못했음을 고백하며 용서를 구하는 날이다.

• 하나님과의 언약을 새롭게 하고, 속죄를 얻기 위한 날이다.

창세기와 출애굽기에서 명령한 안식일은 유대인들에게 가장 중요한 날이다.

• 본래 이것은 가정 축제였다.

• 안식일은 금요일 저녁 안식일 식사로 시작된다.
• 공동 예배를 포함한다.

안식일은 하나님께 대한 개개인의 서약을 새롭게 하는 날이다. 안식일을 지키는 것은 어느 세대를 막론하고 하나의 언약의 상징이다.

대화

유대교와 기독교의 예배에서 목적과 실천 면에서 볼 때 어떤 비슷한 것들이 있는지 생각을 서로 나누라.

■ 성경과 교재(50분)

세 가지 주제, 즉 예배의 필요성, 예배 장소, 예배 요소와 관련하여 히브리인들의 예배를 소개하고 연구하라.

예배의 필요성: '우리의 모습'을 큰소리로 읽고, 죄와 죄책감의 문제들을 제기하라. 또 이 주제와 관련하여 하나님께 마땅히 감사하려는 인간의 요구와 순수한 삶 전체와 하나로 얽힌 예배를 생각해 보라.

예배 장소: 많은 사람들이 장막(tabernacle)과 그 시설에 관한 설명에 흥미를 갖는다. '더 알아보기'에서 제시한 것을 특별히 조사 연구한 사람들의 발표를 듣거나 성경의 설명을 토대로 토의할 시간을 계획할 수 있다.

예배 요소: 회상의 기회를 갖고, 용서를 구하며, 감사하는 것을 교재에서는 기억, 속죄, 감사로 설명했다. 이러한 용어들은 속죄에 대한 신학적 설명을 해줄 뿐만 아니라 히브리인과 기독교인의 예배에서 구원과 구속의 상징인 유월절과 예수님의 죽음의 유사점을 발견하게 한다. 또한 속죄와 관련된 용어들을 정의해 준다.

개인의 신앙을 확인하고 재확인하는 방법으로 기억 행위에 특별히 주목하라. 다음 질문을 중심으로 토의하라. 기독교인들은 예배의 일부분으로서 기억 행위를 언제 어떤 방법으로 사용하는가?

■ 휴식(10분)

■ 말씀과의 만남(25분)

성경: 출애굽기 40:16~38

본문을 조용히 읽게 하라. 그 후 다 같이 크게 읽는 동안 귀로 듣는 듯, 코로 냄새를 맡는 듯, 눈으로 보는 듯, 입으로 맛보듯, 손으로 만지듯 생생하게 구체적으로 생각하게 하라. 이 성경 구절은 하나님의 성품에 대해 무엇을 말해 주는가?

■ 제자의 모습(20분)

그리스도의 제자는 공동 예배에 자신을 헌신한다.

교재에 있는 질문을 사용하여 공동 예배에 대한 자세에 관해 토의하라. 각자가 생각하는 예배의 필요성이 교재에 설명되어 있는 내용과 비슷한지 이야기하라.

■ 마침 기도(10분)

08 | 왕이 없는 백성
The People Without a King

■ 시작 기도(5분)

■ 이끄는 이야기(20~25분)

준비

다음 네 가지 질문을 염두에 두고 이야기를 들으라. 여호수아서와 사사기는 무엇에 관한 책인가? 사사들은 누구이며, 왜 그들이 필요했는가? 이스라엘이 왕을 원한 것은 왜 잘못이었는가? 이 이야기들에 나오는 폭력과 유혈을 어떻게 이해해야 하는가?

여호수아서와 사사기는 히브리 민족의 언약 역사에서 두 가지 서로 다른 단계를 다룬다. 즉 가나안 정복과 정착의 시기다. 여호수아서는 정복의 이야기요, 사사기는 하나님의 뜻 아래 왕이 없는 언약 공동체의 원시적 형태 이야기다. 그러므로 여호수아서와 사사기를 통해 우리는 약속된 땅에 정착하여 강압 통치의 구속을 벗어나 살려 하는 이스라엘의 모습을 볼 수 있다. 그러나 그들의 뜻과는 달리 이스라엘 민족은 계속 위기에 직면하게 되었다. 이러한 위기는 결국 인간의 자기중심성에서 왔는데, 그럴 때마다 하나님께서는 구원자를 보내 주셨다. 사사들은 율법 전수자들이 아니라 바로 이 구원자들이었다. (히브리 백성이 시내 산에서 받은 율법은 우상 숭배와 불의를 떠나 유일신 하나님을 사랑하고 섬기라는 것이었다.)

가나안 땅을 정복하고 정착하는 데 성공한 이스라엘 민족 내부에서 주변 국가들처럼 왕이 필요하다는 의견이 차츰 대두되었다. 하지만 이것은 그들을 곤경에 빠뜨리는 이유가 되었다. 세상을 따라 살려 하는 이스라엘이 혼란에 빠지게 되자 하나님은 구원자 또는 사사를 일으키셨다. 그 결과 그들은 다시 언약 관계 속에서 평정을 찾게 되었다. 그들이 역사를 통해 깨달은 것은 교만과 이기심, 언약 파기와 우상 숭배가 자신들을 어려움 가운데로 몰아넣었다는 것이다. 왕을 원하는 그들의 요청은 왕이 있으면 다른 백성과 같이 강하게 되고, 권력 아래에서 살면서 율법을 잘 준수할 수 있다는 잘못된 믿음을 상징하는 것이다. 왕정 통치가 물론 하나님의 나라나 그의 의보다는 못하지만 무정부 상태보다는 낫다는 것이다.

그러면 사사들은 어떤 사람들이었는가? 그들은 히브리 민족이 위기에 봉착했을 때, 그리고 이웃 적대 국가들에게 위협을 당할 때 그들을 구원해 준 사람들이다. 그러나 이들 구원자들은 왕은 아니었다. 그들은 적들을 격파하고, 이스라엘 민족을 하나님과 올바른 관계로 돌아오게 하는 사명이 있었다.

가나안 정복은 단시일 내에 이루어진 전쟁의 결과가 아니라 오랜 기간에 걸친 정착을 통해 이루어진 것이다. 정착의 성공은 이스라엘 백성에게 생명의 언약 관계, 즉 하나님이 그들의 왕이요 통치자라는 전제로 돌아오도록 돕는 예언자와 사사들에게 달려 있었다. 이스라엘 백성에게는 하나님의 율법과 하나님의 의와 공평과 평화의 통치를 이 세상에 증언할 책임이 주어졌다. 율법에 순종하면 샬롬, 즉 평화가 주어질 것이다.

가나안 정복 이야기 중에 우리를 당혹케 하는 것이 한 가지 있다. 바로 피비린내 나는 학살 행위다. 여호수아서와 사사기에 나오는 무자비한 학살 행위는 그것이 과연 하나님의 섭리였는지 의심하게 한다. 여기서 우리가 이해해야 할 것은 가인과 아벨 이후 인류의 역사는 피와 눈물로 점철되어 왔으며 현재도 마찬가지라는 사실이다. 이것은 하나님이 피에 굶주린 분이라는 것이 아니다. 하나님께서 창조하고 자유의지를 주신 인간성이 타락한 상태에서 비인간적인 행동을 할 수 있다는 것이다. 하나님은 자신의 힘으로 인간의 자유를 제어하지 않으시고, '미쉬파트(의, 정의)', 자비, 조화를 요구하시며, 폭력이나 잔인성을 통해 평화(샬롬)를 성취하려는 인간의 노력을 좌절시키신다. 그러나 인간은 계속해서 하나님을 정복 왕으로 추대하고, 자신들의 유혈 전쟁을 합리화시켜 주는 분으로 믿는다. 성경에 나오는 사사들은 용장들로서, 하나님을 자신의 모습처럼 그리려고 했다. 그러나 하나님은 자신을 십자가와 부활과 다함이 없는 의와 평화의 왕으로 표현하신다.(Albert C. Outler)

요약

여호수아서와 사사기는 언약 역사에서 두 개의 다른 무대를 그린다. 여호수아서는 전쟁과 정복을, 사사기는 국가의 정착과 하나님의 뜻과 통치에 의한 언약 공동체의 건설을 서술한다.

사사들은 입법자들이 아니라 구원자들이었다.

이스라엘의 왕에 대한 열망은 자기들도 다른 백성과 같이 될 수 있고, 동시에 율법도 지킬 수 있다는 그들의 잘못된 신앙을 상징하는 것이었다.

사사들은 백성이 이스라엘의 왕이요 통치자이신 하나님과 이 언약의 삶을 다시 이해하게 도와주었다.

하나님은 인간의 비인간적 행동을 저지하는 것이 아니라 의와 정의와 자비와 화목을 계속 요구하신다.

사사들은 하나님을 자기들의 행동을 정당화하는 분으로 그리려고 했다.

성경에서 하나님은 자신을 십자가, 부활, 의와 평화의 왕국 등으로 나타내셨다.

대화

아우틀러 박사의 글에 대한 자신들의 생각, 느낌, 의문점 등을 말하게 하여 대화를 시작하라.

■ 성경과 교재(50분)

모세의 지도 아래 훈련을 받고 영토 정복과 정착을 위해 정탐을 하던 여호수아와 모세의 후계자로서의 여호수아의 개인 역사를 검토하라. 출애굽 시대까지 거슬러 올라가라.

정복과 정착에 관한 성경의 기록을 이해하려면 다음과 같은 것들을 이해해야 한다. 첫째, 여호수아서와 사사기의 저자들은 기록된 사건들 속에서 하나님이 어떻게 역사하셨다고 이해했는가? 둘째, 성경에 등장한 사람들은 그 사건들에서 하나님을 어떻게 역사하신 분으로 이해했는가?

소그룹으로 모여 여호수아서와 사사기를 연구할 때, 다음 문제들에 관해 묻고 대답하라. 이 사건은 이스라엘의 신앙의 눈을 통해 어떻게 보였는가? 여기서 하나님과 백성 간의 언약의 조건은 무엇인가? 백성은 하나님이 누구이며, 자기들이 하나님과 어떤 관계에 있다고 기록했는가?

각 사사들을 공부하기 전에 사사들은 누구였으며, 그들의 지도자로서의 성격은 어떠했는지를 함께 연구하라. 그런 후에 소그룹으로 나누어 사사 한 사람 한 사람에 대해 이야기하라. 이 때 다음 질문을 사용하라. 하나님은 자신의 목적을 이행하기 위해 어떤 사람을 선택하시는가? 하나님은 왜 이 사람을 지도자로 선택하셨는가?

여호수아서와 사사기 전체를 관통해 흐르는 것은 순종과 불순종의 반복이다. 이 책들에 관한 연구를 종합하는 방법으로, 이와 관련된 이야기들을 예로 들어 보라.

■ 휴식(10분)

■ 말씀과의 만남(25분)

성경: 여호수아 24:1~28

한 사람에게 본문을 큰소리로 읽게 하라. 이 성경 구절은 하나님에 대해 무엇을 말하는가? 인간에 대해서는 무엇을 말하는가? 인간과 하나님의 관계에 대해서는 무엇을 말하는가?

■ 제자의 모습(20분)

그리스도의 제자는 믿음과 순종의 리더십으로 올바른 방향과 목적을 제시한다.

'제자의 모습'과 '우리의 모습'을 연관시키면서 다음 질문을 가지고 토의하라. 오늘날의 정치적 무질서와 혼란, 그리고 순종과 불순종은 사사 시대의 그것과 어떻게 비교되는가?

이 부분에 있는 몇 가지 질문을 가지고 전체가 함께 토의하라.

■ 마침 기도(10분)

09 | 왕을 가진 백성
The People With a King

■ 시작 기도(5분)

■ 이끄는 이야기(20~25분)

준비

왕정국가를 하나님의 통치와 하나님 나라의 언약적 이해에 반대하여 상영된 하나의 연극으로 생각해 보라. 몇몇 사람은 자신을 왕들과 그 백성으로, 다른 사람은 그들과 상호작용을 하는 하나님으로 생각해 보라. 왕들과 백성은 자신들을 어떻게 보며, 또 하나님과의 관계는 어떻게 보는가? 하나님은 백성과 그들의 행위를 어떻게 보시는가?

이스라엘에서 왕정은 초대 왕 사울에서 시작하여 바벨론의 정복으로 종말을 고했다. 이러한 비극적 종말은 예레미야의 어두운 예언에 뚜렷이 나타나 있다. 그런데 정작 이러한 비극은 이스라엘이 이 세상 역사에서 담당해야 할 자신의 역할을 오해한 데서 시작되었다. 이스라엘이 정복한 영토의 크기와 주인들을 고려할 때, 열두 지파의 공동체인 그들이 스스로를 특별한 민족으로 생각하는 것은 참으로 우스꽝스러운 일이었다. 나일 강 계곡과 메소포타미아의 대제국, 그리고 주변 국가들에 비해 이스라엘의 정체성은 나약하기 짝이 없었다. 그런데도 이스라엘은 그 기름진 옥토의 건널목에 정착하게 되었다. 그들은 스스로를 하나님의 선택을 받은 백성으로 이해했는데, 무엇을 위해 선택받았다는 것인가? 전 세계에 하나님의 의를 증거하고, 또 모범이 되는 것이었다. 즉 다신론 세계에서 유일신론을 내세우며, 세상 권력이 아닌 한 분이신 하나님과의 언약 관계에 있는 공동체임을 보여 줄 책임을 지고 있었다.

그런데 이스라엘은 왕을 세운 다른 나라들처럼 됨으로써 그들과 경쟁할 수 있으리라고 생각했다. 블레셋의 철기 무기와 행정 구조는 열두 지파의 엉성한 연합 구조와 자신들의 청동기 무기와 비교해 볼 때 월등히 우세한 듯 보였다. 강력한 왕권이 있으면 자신들도 강해질 수 있을 것 같았다. 그래서 본래 하나님과 맺은 언약에는 어긋나지만 이스라엘은 왕을 세우게 되었다. 그렇게 그들은 원하는 것을 얻었지만 결국 그 때문에 징계를 받게 된다. 여기서 얻을 수 있는 한 가지 교훈은 하나님께서는 우리가 어리석고 악한 행동을 고집할 때 막지 않으신다는 것이다. 성 아우구스티누스는 이 사실을 이와 같이 표현하였다. "하나님께서는 우리의 협조 없이 우리를 창조하셨지만 우리의 협조 없이 우리를 구원하시지 않는다."

다윗은 이스라엘의 왕들 중에 가장 훌륭한 왕이었다. 역사서들(사무엘상하, 열왕기상하, 역대기상하)은 다윗을 위대한 왕으로 부각시킨다. 하지만 그도 절대 권력이 손에 쥐어지자 결국 비극으로 끝을 맺고 만다. 솔로몬이 그의 뒤를 이어 왕국의 전성기를 이루지만 결국 왕국은 내리막길에 들어서게 된다. 성경이 말하는 것은 확실하다. 즉 다윗이 의를 행했을 때 그 백성은 번성하였다는 것이다. 그가 마지막으로 남긴 말들을 상기하라. "사람을 공의로 다스리는 자, 하나님을 경외함으로 다스리는 자여, 그는 돋는 해의 아침 빛 같고 … 하나님이 나와 더불어 영원한 언약을 세우사 만사에 구비하고 견고하게 하셨으니 나의 모든 구원과 나의 모든 소원을 어찌 이루지 아니하시랴(삼하 23:3~5)." 그러나 솔로몬이 죽자 이스라엘은 두 왕국(이스라엘과 유다)으로 분열된다. 솔로몬은 애당초 민주적인 방식으로 선출된 것이 아니었다. 권력에 대한 그의 욕심은 왕국의 영화와 과시로 발전되었으며, 따라서 과도한 세금 부과는 국민의 자원을 고갈시키는 결과를 낳았다. 솔로몬은 거인이 되고자 하는 헛된 욕망으로 이 작은 나라의 경제를 파탄시킨 왕이 되었다. 물론 그의 일시적 지혜는 그의 어리석음을 덮어 주었고, 시바 여왕의 방문까지 받았다. 그러나 그것이 뭐 그리 대단한 것인가!

이야기는 솔로몬 이후에 화려하게 꾸며진다. 왕은 하나님과 그의 언약에 얼마나 충실했느냐에 따라 선한 왕으로 또는 악한 왕으로 평가된다. 결국 왕국은 분열되었다. 북쪽 이스라엘은 여로보암이 통치하고, 남쪽 유다는 르호보암이 통치하게 된다. 르호보암은 여호와 보시기에 악을 행했는데, 이는 의식법을 준수하지 못했기 때문에 생기는 것이 아니라 언제나 우상 숭배와 교만과 힘의 남용에서 기인한다. 궁극적인 통치권은 그들의 손에 있는 것이 아니다. 은혜와 자비는 항상 나약해 보이지만 인간을 통치할 수 있는 힘이 그 안에 있다.

왕이 다스리는 이스라엘의 역사는 어떠하였으며, 우리는 이 시대의 역사를 어떻게 읽어야 하는가?

왕정이 얼마나 율법과 언약 관계에 충실했느냐에 따라 백성의 행복이 좌우되었다. 이스라엘은 외국에 포로로 잡혀 가게 될 때까지 계속하여 하나님과의 언약을 어겼다. 그러나 그들의 포로생활도 영원히 계속되지는 않을 것이다.

이 이야기들의 요점은 하나님께서는 왕이나 백성이 길을 잃고 방황하는 것을 미리 막지는 않으시지만 영원히 하나님으로부터 떨어져 나가는 것을 허용하시지는 않는다는 것이다. 하나님의 의의 나라는 항상 든든하다. 항상 희망이 있다. 하나님의 자비는 그의 하시는 일 전 영역에 깔려 있으며 항상 변함이 없다.(Albert C. Outler, Richard B. Wilke)

요약

이스라엘의 왕정은 사울 왕에서 시작하여 바벨론 포로 시대로 끝난다.

이사야는 왕정 시대 말기에 활동했다.

이스라엘의 선민사상은 세속적 의미보다는 종교적인 의미에서 이해되어야만 했다.

이스라엘은 세계적 강대국이 아니라 유일하신 하나님과 언약 관계에 있는 공동체를 지향해야 했다.

우상 숭배, 권력욕과 명예욕, 권력 남용 등은 그 왕국을 몰락으로 이끌었다.

하나님은 왕들과 백성의 타락을 막지 않으시지만, 그의 의의 왕국이 위협을 받도록 허락하시지도 않는다.

대화

위의 두 그룹의 견해를 근거로 권력의 올바른 사용, 권력 남용의 유혹, 하나님의 통치에 부합하는 권력 사용의 기준 등을 가지고 토의하라.

■ 성경과 교재(50분)

백성이 왕을 요구하도록 이끈 사건들을 다시 한 번 되짚어보며, 이 과에 나오는 매력적인 인물들에 대해 토의하라. 이러한 백성의 요구가 결과적으로는 하나님이 히브리 백성의 통치자라는 이해에 어떠한 영향을 미치게 되었는지 토의하라.

이 과에 나오는 네 인물을 학생용 교재에 제시된 성경 구절들과 정보를 사용하여 한 사람씩 살펴보라. 하나님을 섬기려는 욕망과 자신의 지위와 권력 사이에서 갈등하고 고민하는 그들을 볼 수 있을 것이다. 각 인물에 관한 토의가 끝나면, 그의 강점과 약점을 열거해 보라.

토의 진행을 위한 질문들을 만들 때, 그들의 이러한 욕망과 약점을 찾아낼 수 있는 방법도 포함시켜라. 또 유일신 하나님께 충성하려는 현대인들을 유혹하는 다른 신들에 관한 질문도 몇 가지 만들라.

교재에서는 왕국의 분열에 관계되는 사건들을 자세하게 다루지 않았다. 그러한 사건들에 관한 자료를 간략하게 준비하거나 다음 과에서 토의할 단계를 세우기 위해 그 사건들과 관계된 성경 구절들을 읽고 연구하게 하라.

솔로몬의 성전 건축과 봉헌에 관한 자료를 준비한 사람이 없으면 다 같이 열왕기상 6~8장에 있는 기사를 찾아볼 수도 있다.

■ 휴식(10분)

■ 말씀과의 만남(25분)

성경: 열왕기상 9:1~9

한 사람에게 본문을 큰소리로 읽게 하라. 각자 깨달은 점을 적게 하라. 첫째, 이 구절의 중심 사상은 무엇인가? 둘째, 오늘을 사는 우리에게 무엇을 말하는가? 셋째, 개인적으로 깨달은 점은 무엇인가?

■ 제자의 모습(20분)

그리스도의 제자는 하나님을 잘 섬기는 지도자들을 존경하고 후원하지만, 오로지 하나님께만 충성을 다함으로써 인간적 지도력에 대한 올바른 자세를 유지한다.

이 부분에 있는 처음 세 가지 질문은 '우리의 모습'과 직접적인 관계가 있다. 질문들에 대답함으로써 문제의 실마리를 찾으라.

■ 마침 기도(10분)

10 | 경고하시는 하나님
God Warns the People

■ **시작 기도(5분)**

■ **이끄는 이야기(20~25분)**

준비

나피어 박사는 두 가지 상반되는 역할에 자신을 비추어 보라고 말한다. 그것은 예언자(목사)의 역할과 예언자(목사)가 말하는 왕권의 역할이다.

열왕기상하에서 엘리야의 이야기를 읽고, 그가 어떤 예언자였는지 대강 짐작하게 되었을 것이다. 몇 년 전에 똑같은 부분을 공부하면서 나는 엘리야가 교회의 평신도들과 평신도 지도자들의 선교에 독특한 모델을 제공하고 있다는 결론을 내린 적이 있었다.

혹시 이상하게 들릴지 모르나 엘리야는 아주 매력적인 인간은 아니었던 것 같다. 그는 때로 교만하고 권위적이며 몹시 냉소적인 성품의 사람으로 나타난다. 원전에서는 더욱 강한 사람으로 그려지는데, 해를 거듭하면서 다른 기사들이 추가되어 그의 모습이 다소 부드럽게 변하였다.

반면 그는 또 매우 추앙받는 예언자로 나타나기도 한다. 여러 번 왕 앞에서 크게 도전했으며, 전적으로 하나님의 말씀에 의존했다.

엘리야는 예언을 통해 특별히 두 가지 중요한 문제에 대해 언급한다. 이방신 숭배에서 비롯된 여호와 예배의 타락과 사회의 불의다. 이 문제들과 직결되는 이야기를 두 가지만 예로 든다면 다음과 같다.

첫째, 열왕기상 18장의 두 개의 제단 이야기다. 엘리야는 아합 왕에게 갈멜 산에 사람들을 모으라고 한다. 엘리야가 문제시하는 것은 백성이 유일하신 참 하나님 여호와를 경배하기 원하면서도 다른 한편으로는 그 지방의 이방신들에게 복 받기를 바란다는 사실이다. 그들은 이방신을 섬기는 의식들을 받아들여 다른 신상들을 성전에 모셔 놓았다. 그러나 엘리야는 이 두 가지가 결코 병존할 수 없다고 외쳤다. 이제 그 사실을 사람들 앞에서 보여 줄 때가 왔다.

바알 예언자들을 향한 엘리야의 조롱은 익살스럽고 직선적이다. 엘리야는 바알 예언자들이 그들의 신을 부를 때, 그가 어디 있느냐고 묻는다. "큰소리로 부르라. 그는 신인즉 묵상하고 있는지 혹은 그가 잠깐 나갔는지 혹은 그가 길을 행하는지 혹은 그가 잠이 들어서 깨워야 할 것인지 하매."(왕상 18:27)

만약 우리가 엘리야를 하나의 모델로 삼는다면, 기독교 지도자들의 과업 중 하나는 엘리야의 이 뜨거운 질문을 우리 자신과 우리 자매와 형제들에게 돌리는 것이다. 우리도 하나님과 현대생활의 작은 신들, 즉 돈과 지위와 이미지와 거짓 안전들을 함께 경배하지는 않는가?

이 이야기의 결론에 대해 어떻게 생각하는가? 엘리야는 바알 예언자들을 모두 기손 시내로 데려가 거기서 죽여 버린다. 이 기사를 읽고 난 나의 첫 반응은 그러한 방법을 수긍할 수 없다는 것이었다. 그것은 계속되는 문제에 대한 원시적인 해결책으로밖에 보이지 않았다. 그러나 후에 이러한 폭력은 거짓신들과는 철두철미하게 단교하라는 하나님의 명령의 긴박성을 표현하기 위한 것이었음을 깨닫게 되었다.

둘째, 열왕기상 21장에 나오는 나봇의 포도원 이야기다. 나는 이 이야기를 '인접 부동산의 분규 이야기'라고 부른다. 이러한 일은 오늘날에도 어렵지 않게 볼 수 있다. 즉 우리는 내 재산에 인접한 재산에 욕심을 부린다. 그러나 그것은 다른 사람에게 속해 있기에 그 사람을 제거할 때까지 그것을 내 것으로 만들 수 없다. 이 경우 방법이란 모반이요 살인이다. 아니면 차압이나 소송 제기 등 여러 가지 다른 방법들이 있다.

고대 이스라엘 사람에게 땅의 소유권이란 대단히 중요한 것이었다. 조상에게서 물려받은 재산은 단순한 소유물이 아니라 한 개인의 주체성을 상징하는 것이었다. 그것은 마치 대대로 내려오면서 같은 논밭을 경작해 온 농부와 같다.

이 경우 남의 땅을 욕심낸 것은 아합이고, 나봇의 유산만이 아니라 그의 생명까지 빼앗아 간 계획을 수립하고 수행한 것은 이세벨이다. 이세벨은 아합이 왕으로서 그가 원하는 것을 취하지 않는 것을 이해할 수 없다고 한다. 그래서 정의 같은 것에 구애받지 않고 행동에 옮긴다. 그러나 우리는 이세벨만 책망할 수 없다. 아합은 그의 인을 찍어 공모에 가담했으니 포탈과 살인 행위는 그의 이름으로 이루어진 것이다.

하나님은 무서운 심판으로 그들을 응징하시기 위해 엘리야를 아합에게 보내신다. 아합이 "나의 대적이여, 네가 나를 찾았느냐?"고 묻자 엘리야는 "내가 찾았노라."고 대답한다. 본래 원문은 여기에서 그친다.

우리는 남의 것을 욕심내고 불법으로 취하는 적을 찾아 나설 만큼 용감한가? 또 적이 바로 우리 안에 있다고 고백할 만큼 진실한가? 이 이야기가 평신도들과 평신도 지도자들에게 주는 의미는 무엇인가?

엘리야는 왕족 앞에서 주저하거나 흔들리지 않고 담대히 해야 할 말을 전했다. 그는 궁핍과 불의와 억압에서의 해방과 축복을 약한 자에게 선포했다.

누가 예언자들을 교회의 골칫거리, 기독교 평화의 파괴자, 만사의 간섭자라고 말할 수 있는가?

우리는 그들의 병거를 타지는 못하지만 그들을 따라 뛸 수는 있다. 여호와의 능력과 도움의 손이 우리 위에 함께하시면 우리는 진실할 수 있고, 오직 한 분이신 여호와의 제단을 쌓을 수 있게 된다.(B. Davie Napier)

요약

엘리야는 교회의 평신도와 지도자들인 우리에게 목회의 한 모델을 제시한다.

엘리야는 이스라엘 백성의 두 가지 중대한 잘못을 지적한다. 우상 숭배로 인한 하나님 예배의 타락과 사회적 불의가 그것이다.

열왕기상 18장에 나오는 두 개의 제단은 다음과 같다.

• 백성은 하나님을 예배하기 원하면서도 다른 한편으로는 이방신도 섬기고 싶어 한다.

• 바알 예언자들의 몰살은 거짓신들을 철저하게 끊어버리라는 하나님의 긴급한 명령을 강조하는 것이다.

열왕기상 21장의 나봇의 포도원 이야기는 우리가 어떻게 이웃의 재산을 탐내는지를 보여 준다.

• 고대 이스라엘에서 재산은 개인의 소유물일 뿐만 아니라 그의 신분과 같았다.

• 직접 행동에 옮긴 것은 이세벨이지만, 그것을 최종 승인한 사람은 아합이다.

예언자(목사)의 역할은 교회에서 단일제단을 쌓게 하는 것이다.

대화

네 가지 서로 다른 상황을 상상하며 응답하게 하라. 먼저 엘리야 예언자의 입장에서 응답하라. 다음에는 엘리야의 질책을 받은 왕족이 되어 응답하라. 현대의 예언자(목사)가 되어 응답하고, 마지막으로 그들에게 하나님의 말씀을 전해 듣는 사람들로서 응답하라. 어떤 의미에서 엘리야의 지적, 즉 이방 종교와 사회 불의 등으로 말미암은 하나님 예배의 붕괴가 아직도 예언자들이 부르짖어야 할 주요 문제가 되는가?

■ 성경과 교재(50분)

이 과의 연구를 위한 배경 지식으로 다음 두 가지가 매우 중요하다. 첫째, 예언자들은 어떤 사람들이었으며, 하나님과 어떤 관계를 맺고, 어떤 메시지를 전했는지 이해하는 것이다. 둘째, 이 과에서 다루는 사건들과 예언자들의 시대를 이해하는 것이다.

세 사람씩 짝을 지어 제시된 성경을 가지고 다음 질문들을 중심으로 토론하라. 이 구절이 소개하는 예언자는 누구인가? 그의 예

언에 대한 불순종의 내용은 무엇인가? 예언자는 어떤 경고를 하는가? 백성의 반응은 어떠한가? 각자 수집한 정보와 매일의 성경 연구를 통해 생긴 질문들을 가지고 토론하라.

예언자들의 경고를 듣지 않으려는 경향은 비단 엘리야 시대에만 있었던 일이 아니다. 그 시대와 오늘날의 공통점을 찾아내 토의하라.

■ 휴식(10분)

■ 말씀과의 만남(25분)

성경: 이사야 3장

첫 번째 사람에게 이사야 3:1~12를 읽게 하라. 두 번째 사람에게는 이사야 3:13~26을 읽게 하라. 이 성경 구절은 하나님에 대해 무엇을 말하는가? 우리에 대해서는 무엇을 말하는가? 하나님과 우리의 관계에 대해서는 무엇을 말하는가?

■ 제자의 모습(20분)

그리스도의 제자는 공동체와 국가, 전 세계를 향해 외치는 예언자의 소리를 듣고 인정할 뿐만 아니라 때로는 스스로 그 예언자가 된다.

'우리의 모습'을 읽고, 개인의 경험에 입각해 볼 때 그것이 정확한 진술인지 이야기하라. 그런 후 다음 질문을 중심으로 토의하라. 왜 우리는 모든 경고를 듣기 싫어하는가?

대부분의 사람들은 자신을 예언자라고 생각하지 않기 때문에 마지막 질문에 공개적으로 대답하기를 꺼려할지도 모른다. 그러나 이것은 그룹이 토의할 중요한 주제다. 각자 자기가 쓴 것을 자진해서 이야기하게 이끌라.

■ 마침 기도(10분)

11 징계하시는 하나님
God Punishes the People

■ 시작 기도(5분)

■ 이끄는 이야기(20~25분)

준비

나피어 박사는 두 가지 관점을 강조한다. 예레미야와 예언자로서의 그의 역할에 관한 것, 그리고 그가 전파하는 말씀과 더불어 그의 존재에 관해서다.

예레미야의 예언 활동은 요시야 왕 통치 기간에 시작된다. 이 당시 앗수르는 패망의 길을 가고 있었고, 이는 요시야 왕이 극적인 종교개혁을 단행할 기회가 되었다. 백성은 허물어진 예루살렘 성전을 복구하고 재단장하기 시작했다.

이 복구 작업이 진행되던 중에 율법서(아마도 신명기 원전)가 발견되었는데, 왕과 백성은 여기에 열거된 고대 의식에 더 가깝도록 종교 의식의 변화를 꾀하였다. 우상 숭배와 이방신 숭배의 요소들은 제거되었다.

이러한 개혁의 와중에서 예레미야는 하나님의 부르심을 받아 고향 아나돗에서 수도 예루살렘으로 옮겨간다. 그는 전에 있던 예언자들처럼 열정적인 사람이었는데, 특히 인간관계에 큰 열정을 보였다. 친구들 사이에 있기를 좋아하고, 남에게 인정받기를 원했다. 그렇기에 그는 우리에게 친근감을 준다. 우리도 예레미야처럼 우리의 소리에 귀를 기울이기 바라고 환영받고 사랑받기를 원한다. 남을 즐겁게 해 줄 수 있는 말을 하기 원한다. 처음에 예레미야는 요시야의 종교개혁을 후원했으나 후에 실망하게 되었다.

요시야 왕이 죽자 사태가 악화되기 시작했다. 정치적인 음모의 결과 예레미야의 지지를 받지 못한 사람이 왕위에 오르게 된다. 항상 어려움 가운데서 고난을 받던 예레미야는 한때 생명의 위협까지 받는다. 예레미야가 하나님께 불만을 토로할 때 그가 받은 응답은 "네가 아직 정작 어려움을 보지 못하였도다."였다.

우리도 다른 사람들처럼 성공한 사람들이 만들어낸 잣대로 평가받고, 그들에게 성공을 인정받기를 바란다. 권력자들의 회합에 낄 수 있기를 원한다. 우리는 성공과 안전을 얻기 위해 필요한 게임을 할 줄 알며, 책략을 꾸밀 줄 안다. 때로는 학교나 친구나 직업이나 배우자까지도 그들의 값어치를 계산하고서 선택한다.

우리는 또한 특권의 자리에 오르는 길을 알고 그 싸움에 참여한다. 아나돗에서 예루살렘의 정상에 도달하는 길을 안다. 우리는 누가 경기의 규칙을 만들며 그들이 어떻게, 왜, 어디에 모이는지도 안다. 예루살렘의 권력 구조 내부에 들어갈 수 있는 길을 알며, 그 길을 얻고자 한다.

예레미야도 왕궁으로 향하는 길을 알고 있다. 그리고 조용히 그 길을 취할 수도 있다. 그러나 그의 뼈와 가슴속에는 뜨거운 불이 타고 있기에 입을 열 때마다 "망하리로다, 죽을지어다."라는 소리를 외치게 된다. 돌처럼 잠잠할 수도 있지만, 그의 가슴속과 뼛속에 타고 있는 불이 그를 가만히 있을 수 없게 한다.

기원전 598년에 바벨론이 예루살렘을 점령한다. 왕은 백기를 들어 버렸고, 꼭두각시처럼 약한 왕이 왕관을 쓰게 된다. 도시는 10년 동안 명맥을 유지한다.

그러나 예레미야는 하나님의 심판의 말씀으로 불타 침묵을 지키지 못한다. 지금도 한 가닥 실에 매달려 위태로운 예루살렘을 향해 멸망을 외치는 예레미야를 상상해 보라. 결국 예레미야는 매를 맞고 옥에 갇히게 된다.

유다의 파멸이 닥쳐올 때, 예레미야는 백성이 듣기 원하지 않는 예언을 함으로써 다시 고통을 당한다. 그는 백성에게 이 땅을 떠나지 말고 남아 있으라고 외친다. 그러고는 유다가 바벨론에 함락되는 마지막 순간에 고향 가까운 곳에 포도원을 구입한다. 이 얼마나 모순된 행위인가? 이는 마치 원자탄의 발사를 공포하고 나아가 그 자리에 집을 사는 자와 같다. 예레미야는 다른 사람들이 볼 수 없었던 한 가닥의 희망을 보았던 것 같다.

만약 우리가 예레미야처럼 하나님의 말씀을 직접 들을 수 있고, 하나님의 말씀이 실제로 들려온다면 그 내용은 어떤 것일까? 우리의 지식 구조에 하나님의 말씀이 들어온다면, 그리고 그것이 우리의 양심을 가두어 놓은 두꺼운 표피를 뚫고 침투한다면 이 시대의 예레미야들은 과연 어떤 말씀을 듣게 될까?(B. Davie Napier)

요약

예레미야는 요시야 왕 시대에 소명을 받았다. 요시야 왕의 통치 아래에서 단행되었던 종교개혁은 다음과 같다.

• 성전 회복과 재단장
• 율법서 발견(현재 우리가 사용하는 구약성경의 신명기)
• 종교 의식들을 율법에 맞게 고침

예레미야는 백성이 자신의 말을 듣고, 받아들이며, 그를 사랑하기를 바랐으나 결국 하나님의 심판과 징벌의 말씀을 선포하기에 이르고 말았다.

예루살렘이 포위되었을 때 예레미야는 포도원을 구입함으로써 백성에게 희망을 선포했다.

대화

사랑받고 인정받기를 원하면서도 정작 그 사람들에게 비난과 비판의 무거운 말을 해야만 하는 어려움에 대해 이야기해 보자.

우리를 위하여 오늘의 예레미야에게 하시는 하나님의 말씀은 무엇일까?

■ 성경과 교재(50분)

예레미야가 활동했던 시대와 그의 상황을 더 잘 이해하기 위하여 열왕기하 17~25장에 있는 중요 사건들을 함께 열거하라. 노트를 사용하고, 각 장을 다시 훑어봄으로써 필요한 정보를 빨리 얻을 수 있을 것이다.

여기서 강조할 것은 백성을 멸망과 포로생활로 이끌었던 그들의 잘못된 태도와 행위다. 11과에 있는 도표를 보면 주요 사건들과 그 결과를 연상할 수 있을 것이고, 성경에 있는 지도를 사용하면 북왕국과 남왕국이 관계된 사건들의 장소를 아는 데 도움이 될 것이다.

이러한 배경에도 불구하고 다가오는 심판에 대한 하나님의 경고의 말씀을 전해야만 했던 예언자들의 어려움을 생각해 보라. 그렇지만 그와 동시에 예언자들에게는 백성에게 줄 희망의 메시지가 있었다. 예언자와 백성의 입장에 각각 서서 하나님의 말씀을 들어보라. 먼저 자신을 예언자들의 위치에, 다음에는 그들의 말씀을 들었던 백성의 위치에 놓아 보라. 제시된 성경 본문에서 대여섯 가지의 경고의 말씀과 같은 수의 희망의 말씀을 찾아보라. 이것을 서로 번갈아 가며 크게 소리 내어 읽으라. 그룹 1은 경고의 말씀을 읽고, 이에 응답하여 그룹 2가 희망의 말씀을 읽는다. 낭독이 끝나면 경고와 희망의 말씀을 각각 읽고 들으면서 무엇을 느꼈는지 서로 이야기하라.

'더 알아보기'의 내용을 연구 조사한 사람이 있으면 발표하게 하라. 포로 신세가 된 유대인에 관한 보고를 들을 수 있을 것이다.

■ 휴식(10분)

■ 말씀과의 만남(25분)

성경: 예레미야 24장

한 사람에게 본문을 읽게 하라. 이 성경 구절은 하나님에 대해 무엇을 말하는가? 인간에 대해서는 무엇을 말하는가? 하나님과 인간의 관계에 대해서는 무엇을 말하는가?

■ 제자의 모습(20분)

그리스도의 제자는 죄의 결과를 겸손히 받아들이고, 용서를 빌고, 치유와 새로운 헌신의 기회를 찾는다.

'우리의 모습'의 내용을 큰소리로 읽으라. 그 중 어느 것이든 자기의 경험 중에서 사실이 아닌 부분을 찾아내게 하라. 또 자기에게 진실이 되기 위해 그 설명에 더해야 할 것이 무엇인지 물어보라. 그런 후에 짝을 지어 교재에 있는 첫 두 가지 질문에 대답하게 하라. 전체가 모여 마지막 두 가지 질문을 중심으로 토의하라.

■ 마침 기도(10분)

12 | 회복시키시는 하나님
God Restores the People

■ 시작 기도(5분)

■ 이끄는 이야기(20~25분)

준비

교재에 제시된 네 개의 이사야서 본문은 고난 받는 종에 관한 내용이다. 각각의 성경 구절이 전하는 설명을 주의해서 전달하라.

지난 과에서는 불순종으로 징벌을 받은 이스라엘 백성에 관해 살펴보았다. 그들은 바벨론에 포로로 잡혀 갔는데, 이방 땅에서 그들의 생활이 어떠했으리라는 것은 가히 짐작할 수 있다.

그러나 이 과에서 우리는 기쁜 소식을 듣게 된다. 제2이사야(포로로 잡혀 간 예언자)가 이스라엘의 회복을 예언하는 것이다. 그는 이사야서 40장에서 회복의 때가 곧 이른다고 말한다. 포로로 잡혀 온 백성에게 외치는 그의 소리를 들어보라. "그렇다. 너희는 고난을 당할 만큼 당했다. 너희가 지은 죄의 갑절만큼 고난을 받았다. 그러한 고난은 이제 종식될 것이다. 너희는 이제 고향으로 돌아가게 될 것이다." 제2이사야가 예언한 이스라엘의 회복은 기원전 538년에 바사의 고레스 왕의 칙령에 의해 이루어진다. 고고학자들은 이 칙령이 진흙으로 만든 두루마리에 쓰였던 것을 발견했다. 이 구절은 에스라 1:2~4에 기록되어 있다.

40~50년 동안 외국에서 포로생활을 하는 우리의 귀에 "이제 너희는 집으로 돌아갈 수 있다."는 메시지가 들려왔다고 상상해 보라. 지난 과는 희망을 던져 주며 끝을 맺었다. 예레미야 예언자는 그의 백성이 다시 이 땅에 돌아와 살게 될 것이라는 확신의 증표로 땅을 구입하였다. 이제 50년이 지난 지금 그 희망이 현실이 되어 가고 있다. 이러한 기대 속에서 주의 종이 등장하게 된다.

이제 고난 받는 종에 대한 제2이사야의 예언을 잠시 고찰해 보자. 이사야서 후반부에 고난 받는 종에 관한 기사가 네 군데 나타난다. 42:1~4, 49:1~6, 50:4~11, 52:13~53:12가 그것이다. 이 구절들은 여러 가지 신비와 경이로움에 둘러싸여 있다. 오랜 기간 동안 사람들은 여기에 나오는 고난 받는 종이 과연 누구를 말하는 것인지 궁금해 했다. 고난 받는 이스라엘을 가리키는 것일까, 아니면 그 예언자가 아는 어떤 사람이었을까? 그것도 아니면 그 예언자의 상상에만 있었던 어떤 가공의 인물이었을까? 이 말씀을 전하는 예언자 자신은 아니었을까? 이 문제에 관해서는 종의 노래와 그 의미를 살펴본 뒤에 다시 논하게 될 것이다.

만약 이 네 구절들을 문맥에서 떼어내 그 자체만 한데 묶어 생각한다면, 하나님과 종과 이스라엘 백성이 등장하는 하나의 극처럼 보인다. 이들 등장인물들은 메시지가 전개되면서 중심 무대에

때로는 홀로, 때로는 함께 오르내린다.

이사야 42:1~4에서 주의 종이 등장한다. 그가 받을 고난은 뒤에 언급되기 때문에 아직 그를 고난 받는 종이라고 부를 수는 없다. 이 장면에는 종의 부름 받음, 그의 역할, 사명을 완수하기 위한 지시 사항 등 종에 관한 하나님의 말씀이 기록되어 있다. 그의 사명은 무엇인가? 그에게는 정의를 가져올 책임이 있다. 이 정의는 이스라엘 백성만이 아니라 전 세계를 위한 것이다.

이 구절에서 하나님은 그 종을 택하셨다고 한다. 구약성경의 다른 곳에서 이 '선택'이라는 말은 하나님의 백성 이스라엘 전체를 두고 하는 말로 사용되었다. 하나님께서는 이스라엘 백성을 회복시키실 뿐만 아니라 그 이상의 일을 이루실 것이다. 하나님의 백성은 전 세계 민족을 회심시키기 위한 종이 될 것이다. 그리고 그들은 이 일을 조용히, 평화롭게, 충실히 이행할 것이다. 그의 음성은 거리에서 들리지 않을 것이요, 그가 전한 메시지의 여파는 꺼져 가는 등불도 끄지 못할 것이다.

두 번째 종의 노래는 이사야 49:1~6에 나타나는데, 여기서는 화자(話者)가 바뀐다. 이제 주의 종은 극의 첫 부분에서 하나님이 주신 사명을 수락하면서 그 스스로 말한다. 여기서 주의 종이 하는 말을 듣고 있으면 예언자 예레미야를 연상케 된다. 그도 태어나기 전에 특정한 과업을 위해 부름을 받았다. 예레미야와 같이 종의 입은 그의 과업을 이루기 위한 도구가 된다. 예레미야와 같이 주의 종은 하나님이 그의 곁에서 그를 돕고 계신다는 확신 속에서 그의 대적을 통해 사명을 수행한다.

이 노래의 마지막 절에서 종은 하나님의 말씀을 인용하며 그의 사명을 요약해 놓는다. 그의 사명은 이스라엘에 국한된 것이 아니다. 종은 전 세계의 구원을 위한 도전을 수락한다. 그는 온 민족의 빛이 될 것이다.

세 번째 노래는 50:4~11에 나오는데, 여기서도 말하는 이는 주의 종으로, 그의 과업과 성취 방법에 대해 이야기한다. 그는 조용히 효과적으로 그의 과업을 이루겠지만 대적 앞에서 부싯돌처럼 얼굴을 굳게 할 것이요, 때리는 자들에게 등을 돌려댈 것이다. 하나님이 자기와 함께 계실 것을 믿기에 이렇게 응할 수 있는 것이다.

마지막 50:10~11에서 예언자는 청중에게 주의 종의 생애와 과업에 응답할 것을 요구한다. 빛이라는 상징이 다시 사용된다. 자신의 빛에 의존하여 걷는 자들은 어둠 속에서 걷지만 하나님의 빛 속에서 걷는 자들은 안전함과 보호하심 가운데 걷게 될 것이다.

이사야 53장은 극의 마지막을 장식한다. 하나님과 주의 종을 아는 백성이 대화를 한다. 하나님의 말씀에 따르면 주의 종은 번

성할 뿐만 아니라 전 세계를 놀래게 만들 것이다. 그의 초기 생활은 별로 주목할 만한 것이 없다. 이제 그는 병들고 볼품이 없다. 그리고 욥과는 달리 주의 종은 묵묵히 고난을 받을 것이다. 예언자는 침묵하는 그를 도살장에 끌려가는 양에 비유한다. 그러나 그의 침묵 속의 고난은 대단히 중요한 목적을 달성하는데, 곧 다른 사람들의 죄를 위해 고난을 당하는 것이다.

그러나 이 종은 반드시 회복될 뿐만 아니라 종의 고난은 온 백성의 회복을 가져오게 될 것이다.

이 종은 누구인가? 그는 분명히 이스라엘 백성을 대표하는 개인이었다. 제2이사야가 이 종을 정치적인 의미에서의 메시아로 그리지는 않았으나 신약성경 기자들은 이 본문들을 예수의 생애와 활동에 대한 배경으로 사용하였다.

이렇게 하여 하나님은 그의 백성을 회복시키신다. 그리고 종의 노래들을 통해 알려 주셨듯이 하나님은 이 종으로 대표된 이스라엘을 만민의 빛, 곧 온 세계를 하나님께 돌아오게 하는 빛으로 만드셨다.(Lynne M. Deming)

요약

제2이사야는 포로 시대에 활동했다. 그의 예언은 이사야 40~66장에 기록되어 있는데, 포로생활을 하는 백성에게 회복의 메시지를 선포했다.

그들은 기원전 538년 바사의 고레스 왕의 포고령으로 회복되어 고향으로 돌아올 수 있었다.

고레스 왕의 포고령은 에스라 1:2~4에서 찾아볼 수 있다. 유대인들은 50년 동안 포로생활을 했다.

이사야의 고난 받는 종에 관한 예언은 다음과 같다.
• 42:1~4: 하나님은 이스라엘 백성과 전 세계에 정의를 가져오기 위해 종을 부르신다.
• 49:1~6: 종은 전 세계에 구원을 가져오고 온 백성에게 빛이 되라는 하나님의 부르심을 수락한다.
• 50:4~11: 종은 하나님의 현존을 확신하며, 종의 생애와 사명에 응답할 것을 요구한다.
• 52:13~53:12: 종은 이스라엘 백성을 대표하는 한 개인이다. 그는 다른 사람들의 죄를 위해 묵묵히 고통을 감내하지만 반드시 회복될 것이며, 그로 인해 온 백성이 회복될 것이다.

제2이사야는 고난 받는 종을 정치적 의미로 묘사하지 않는다. 그러나 신약성경의 기자들은 이 본문들을 예수님의 생애와 활동을 위한 배경으로 사용한다.

하나님은 이 고난 받는 종으로 대변되는 이스라엘을 세상을 변화시키기 위한 빛으로 삼으셨다.

대화

두 사람씩 짝을 지어 종은 누구였으며, 그의 역할은 무엇이었는지에 관해 이야기를 나누라.

■ 성경과 교재(50분)

이 과의 내용을 더 잘 이해하기 위해 예루살렘의 이사야서와 바벨론의 이사야서에 대해 조사하여 자세한 정보를 준비하라. 이 두 본문은 때로는 제1이사야와 제2이사야라고 부른다. '위로'라는 단어의 의미를 연구 조사한 사람이 있으면 발표하게 하라.

제시된 성경 전체가 이스라엘의 회복을 선포하는 강력한 말씀의 화폭이라 하겠다. 두 사람씩 짝을 지어 제시된 본문을 다시 한 번 읽고, 마치 그림을 보는 듯한 이러한 서술들을 찾아보라. 찾은 구절들을 큰소리로 읽으면서 이스라엘이 경험했던 위로와 평안을 느껴 보라.

■ 휴식(10분)

■ 말씀과의 만남(25분)

성경: 이사야 45:1~13

모두 한목소리로 본문을 읽어 보라. 이 성경 구절은 하나님에 대해 무엇을 말하는가? 인간에 대해서는 무엇을 말하는가? 하나님과 인간의 관계에 대해서는 무엇을 말하는가?

■ 제자의 모습(20분)

그리스도의 제자는 죄의 결과로 고난을 당할 때, 하나님의 위로를 받아들이고 새로운 출발, 새로운 가능성, 새로운 선택을 모색한다.

'우리의 모습'을 조용히 읽게 한다. 그런 후에 누구든지 자서전을 쓴 사람이 있으면 모두 앞에서 그것을 읽을 의사가 있는지 물어 발표하게 한다. 또 절망과 창조적인 헌신 사이에서 선택할 수밖에 없었던 경험담을 이야기하고, 그 선택에 대해 설명할 기회를 주라.

에스겔의 이야기와 바퀴 이야기에서 그의 하나님 이해가 상당히 확장되었음을 알게 된다. 소그룹으로 나누어 성경 전체에서 이와 같이 하나님에 대한 이해를 폭넓게 해준 또 다른 사건들이 있었는지, 그것이 무엇이었는지 이야기를 나누게 한다.

■ 마침 기도(10분)

13 | 마음의 노래들
Songs of the Heart

■ 시작 기도(5분)

■ 이끄는 이야기(20~25분)

준비

시편에 관한 해럴슨 박사의 글은 시편이 우리에게 주려고 하는 것을 발견하게 하고, 또한 시편을 사용하는 방법을 가르쳐 준다.

1. 시편의 성격

1) 시편은 고대 이스라엘 민족의 생활 속에서 실제로 불렸던 찬송이요 기도다. 시편에는 여러 가지 간구와 고백, 예배 자료 또는 공동체가 어려움을 당할 때 하나님의 도움을 바라는 기도문이 실려 있다.

2) 시편은 전쟁에서의 승리와 기근에서의 해방을 감사하기 위하여 성가대와 백성이 노래하던 찬송으로 가득하다. 그러나 이것은 후대에 필요에 따라 계속해서 사용되었다.

3) 시편에 기록된 모든 시를 본보기 기도문으로 사용할 수는 없다. 시편에는 하나님의 도움을 청하는 기도가 있는가 하면(22편), 마음을 다한 고백도 있으며(51편), 창조주 하나님을 찬양하는 시도 찾아볼 수 있다(104편). 그러나 대적자에 대한 복수를 위한 기도문들은 원한과 증오로 가득 차 있다. 이런 것들은 기도의 본보기로 쓰인 것이 아니요, 단순히 백성이 느낀 것을 기도로 표현한 것이다.

2. 시편의 저자

1) 다윗은 분명히 노래를 즐겼으며 시와 곡조를 만들 수 있었으니 시편의 일부가 그에게서 나왔을 것이다. 그러나 '다윗의 시'라고 불리는 시들 중에는 후기 시인들이 다윗에게 바친 것들도 포함되어 있다. 그리고 어떤 시의 모음은 레위 지파의 성전 성가대, 고라의 아들들, 아삽 족속 등에서 온 것이기도 하다.

2) 그러나 여러 세기에 걸쳐 이루어진 모음은 이스라엘의 것이 되었다. 이스라엘 백성은 그것들을 노래했으며, 오랜 시간이 흐르면서 수정되어 이스라엘 백성의 것이 되었다. 이것은 하나님의 백성의 시편이다.

3. 시편의 가치

1) 시편은 여러 가지 가치가 있다. 우리는 교회 예배에서 그것을 교독문으로 사용하면서 고백과 찬양과 감사의 표현으로 삼는다.

2) 이 밖에도 시편은 특별한 가치가 있는데, 그 중 몇 가지를 든다면 다음과 같다.

• 두려움과 좌절과 생의 어두운 면에 대한 느낌을 솔직히 표현할 수 있게 돕는다.

시편 90편은 장례식에서 사용하는 경우가 많은데, 인생의 무상함을 적절히 표현하였기 때문이다. 또한 이 시는 간절한 마음으로 하나님의 도움을 청한다. 인생의 의미와 하나님의 목적과 인간의 목적이 반드시 있음을 깨달을 수 있게 도와주기도 한다.

• 초조하고 우울할 때 위로와 격려를 받을 수 있다.(예 23, 130편)

• 때로는 하나님 앞에 불평과 분노를 터뜨릴 수 있게 해 준다.(예 44편)

• 하나님의 더할 수 없는 친근함을 보여 주고, 그것이 우리의 기쁨이 됨을 표현한다.

4. 시편의 신학

시편은 구약성경 신학의 중요한 자원이다. 시편에 나타난 하나님은 역사를 인도하시는 하나님이요(77, 78, 105편), 창조주와 생의 보존자이신 하나님이요(8, 19, 33, 104편), 죄를 사해 주시는 하나님이요(51편), 만국을 의로 심판하시는 재판관이신 하나님이요(2, 82편), 결코 우리를 내버려두고 떠나지 않으시는 하늘에 계신 하나님이요(139편), 임재만으로도 우리 심령의 갈증을 채워 줄 수 있는 보물로서의 하나님이다.(42, 73편)

5. 시편 연구 방법

여러 가지 번역판을 사용하라. 주석을 보면서 중요한 것은 정리하여 노트에 적어라. 읽고 묵상하며 성령의 인도를 좇으라. 소리를 내어 읽거나 경우에 따라서는 암기하라.

6. 시편 연구로 얻을 수 있는 것들

시편 연구의 이득은 여러 가지이지만, 그 중 특별한 것 한 가지를 든다면 시편을 읽을 때 우리는 유대인 공동체와 더불어 기도를 드린다는 사실이다. 이것은 대단히 중요하다. 함께 기도하는 사람들은 서로의 삶을 깊이 나누게 된다. 유대인과 기독교인들은 서로를 필요로 하며, 서로 더욱 가까워지기 위하여 시편을 사용해야 한다.

시편 연구를 통해 그 시들에 반영된 나 자신의 마음을 발견하게 되기를 바란다. 만일 그렇게 된다면 영감과 능력과 소망과 깊은 영적 존재의 근원이 되는 생명을 소유하게 될 것이다.(Walter J. Harrelson)

요약

시편은 고대 이스라엘 백성이 드린 실제 기도요, 그들이 노래한 찬송이다. 그러나 그 시들 모두가 모범형의 기도는 아니다. 어떤 것들은 보복을 위한 기도로, 적개심과 증오로 가득 차 있다. 하지만 이러한 시들은 우리가 하나님께 아뢰고 싶었던 솔직한 감정의 표현일지도 모른다.

어떤 시들은 아마도 다윗이 썼을 것이다.

시편은 이스라엘 백성의 유산이 되었다.

그리고 다음과 같은 이유로 하나님의 백성에게도 가치가 있다.

- 고백, 찬양, 감사를 위해
- 두려움과 좌절을 표현하기 위해
- 위로와 위안을 위해
- 우리를 도와주지 않음을 인해 하나님께 분노를 표현하기 위해
- 하나님이 가까이 계심을 표현하기 위해
- 시편을 공유하고 있는 유대인과 기독교인들을 하나로 묶기 위해

시편은 구약성경 신학의 중요한 자료다.

시편을 읽고 연구하는 방법들은 다음과 같다.

- 몇 가지 다른 번역본 사용
- 주석 참조
- 읽고 묵상하기
- 외우기

대화

한 주간 준비해 온 연구와 조사의 결과물들을 중심으로 서로의 생각을 나누라.

■ 성경과 교재(50분)

하나님은 우리의 모든 것을 속속들이 알고 계신다는 사실을 다시 한 번 깨닫기 위해 큰소리로 시편 139편을 읽으라. 매일 시편을 읽으면서 느낀 점들과 하나님이 어떤 분이며, 자신이 하나님과 어떤 관계에 있는지에 대한 통찰을 중심으로 토의하라.

세 사람씩 짝을 이루어 교재에 있는 질문에 대한 각자의 답을 가지고 토의하게 하라.

시편을 읽고 공부하는 것이 즐거운 이유 중 하나는 우리가 그 시들을 읽을 때 자기 자신과 자기의 인간성을 들여다볼 수 있게 되기 때문이다. 각자 자기에게 감명을 주는 시를 하나씩 골라 모두 앞에서 크게 읽게 하라. 이 때 자기가 왜 그 시를 선택했는지를 이야기하고 싶어 하는 사람이 있다면 기회를 주어도 좋다.

시편을 함께 즐기는 다른 방법으로는, 그룹 전체가 시를 암송하거나 시편 말씀에 기초한 찬송을 부르는 방법이 있다. 암송하기 원하는 시 한두 편, 또는 시의 한 부분을 함께 선택하라. 외우기 전에 그 시가 어떤 내용인지, 무엇을 의미하는지, 인간의 감정을 어떻게 반영하는지 등에 대해 이야기를 나누라. 시편에 기초한 찬송가들이 교재에 제시되어 있다. 관련된 시편을 읽으라.

■ 휴식(10분)

■ 말씀과의 만남(25분)

성경: 시편 22편

본문을 조용히 읽게 하라. 시편 22편은 하나님에 대해 무엇을 말하는가? 신약성경은 이 시편을 어떻게 소개하는가?

■ 제자의 모습(20분)

그리스도의 제자는 항상 하나님과 연결되어 있고, 교통하기를 원한다. 그리스도의 제자는 자신의 모든 생각과 감정을 통해 하나님을 의지하고 신뢰한다.

'우리의 모습'은 우리가 자기 자신에 관해 잘 알고 있다는 사실을 말해 준다. 그리고 요절은 하나님이 우리에 관해 모두 알고 계신다는 사실을 말해 준다. 그렇다면 우리는 어떻게 이 과가 제시하는 '제자의 모습'을 성취할 수 있는가? 우리는 왜 하나님을 향한 분노나 부정적인 감정을 표현하는 일에 주저하거나 불편을 느끼는가?

■ 마침 기도(10분)

14 | 시냇가에 심은 나무와 같은 의인
The Righteous Are Like a Tree

■ **시작 기도**(5분)

■ **이끄는 이야기**(20~25분)

준비

포로생활에서 돌아오는 이스라엘 백성의 처절한 모습을 상상하면서 이 글을 전달하라.

바벨론 포로생활을 마친 이스라엘 백성의 귀환은 약속된 가나안 땅으로의 진입과 흡사하다. 애굽과 광야라는 무대가 바벨론으로 바뀌었을 뿐이다.

우리는 다시 한 번 구원자 하나님을 확인할 수 있다. 다시 한 번 하나님은 그의 택하신 백성을 거룩한 땅에 정착시키기 위하여 놀라운 방법을 사용하신다. 그러나 이번에는 성전 재건과 예배의 순수성을 중심으로 이루어진다. 그리고 그들의 귀환은 역사적인 언약 공동체의 재편성을 가져온다. 바벨론 포로생활은 유대인들의 운명이 지리 · 정치적인 데 있는 것이 아니라 종교적인 데 있었음을 가르쳐 주었다. 즉 신명기의 서약을 갱신하는 데 있는 것이다. 율법의 근본은 소위 '쉐마'에 집약된다. "이스라엘아 들으라. 우리 하나님 여호와는 오직 유일한 여호와이시니 너는 마음을 다하고 뜻을 다하고 힘을 다하여 네 하나님 여호와를 사랑하라."(신 6:4~5)

여기서 중요한 것은 자신의 백성을 정복자의 위치가 아니라 증인의 위치로, 즉 하나님과 인간의 언약 관계, 그리고 왕이 아니라 하나님이 지배하시는 평화의 왕국으로 인도하시는 하나님의 모습이다. 예루살렘으로의 귀환 이야기의 주제는 하나님의 백성은 자신들의 삶에서 그분의 뜻과 의를 나타내고, 또 시냇가에 우뚝 선 나무와 같음을 보여 주려는 데 있다. 나무는 생명체의 상징이다. 나무는 땅 속 깊은 곳에 있는 물에서 생명과 힘을 빨아들인다. 이런 의미에서 나무는 우리의 도움이 어디에서 오는지 유대인들과 우리에게 상기시켜 준다. 즉 우리의 도움은 하나님께로부터 온다.

이스라엘 민족의 귀환은 또한 에스라-느헤미야 시대의 언약에 대한 이해를 분명히 볼 수 있게 해 준다. 포로생활에서 돌아온 예언자들은 타민족과의 합혼을 반대하였다. 에스라-느헤미야는 이것을 언약 파괴로 보았다. 이것은 민족 간의 편견 이상의 의미가 있다. 그 당시 어머니는 자녀들의 삶에 지대한 종교적 영향력을 미치는 존재였다. 유대교 신앙 밖에 있는 여인은 다른 종교들을 가정에 끌어들였고, 이는 종교 간의 충돌을 불러왔다. 유대인들은 유일신을 섬겼는데, 그것은 단순한 기호가 아니라 확신에서 나오는 당연한 결과였다. 반면 이방인들은 다신교를 믿었다. 이는 이스라엘 민족이 받은 십계명 중 첫째 계명을 어기는 것이다. 인류 역사를 통해 지금까지도 지속되는 유일신론과 다신론 사이의 긴장 관계를 예로 들어볼 수 있다.

에스라-느헤미야는 의로운 생활이 중요하다는 사실, 그리고 그렇게 생활하면 선한 일들이 삶에 주어진다는 사실을 보여 준다. 정직, 진실, 정의, 이웃 돌보기, 금주와 성적 순결 등은 의로운 삶의 중요한 요소들이요, 실천에 옮겨야 할 일들이다. 그러나 의로운 생활 그 자체가 부와 건강과 지혜의 보장이 되는 것은 아니다. 하지만 이 기간의 역사를 통해 의로운 생활의 구체적 증거는 번영과 건강이라는 생각이 발전하게 되는 것을 알 수 있다. 많은 사람들이 가난과 질병은 하나님이 주시는 징벌이라고 믿지만 사실은 그렇지 않다. 이 상반된 주장 속에서 우리는 어떻게 거룩한 생활을 촉구하는 음성을 들을 수 있는가?

거룩한 삶에 대한 성경의 가르침은 무엇인가? 옛 언약이든 새 언약이든 하나님이 주신 언약은 종교를 불의와 비인간화의 고통을 무마시키는 아편으로 만드는 신성 모독을 배제한다. 그리고 경건과 번영도 동일시하지 않는다. 거룩한 삶의 근본은 하나님을 제일로 모시는 습관을 말하며, 마치 수영하는 사람이 물의 부력을 믿듯이 하나님의 사랑과 돌보심을 신뢰하는 마음 자세다. 거룩한 삶은 하나님과의 언약을 지키는 인간의 자세다. 그리고 그에 대한 상급은 과자 부스러기가 아니라 평화와 기쁨과 같이 더욱 값진 것이다. 부와 건강은 많은 사람들이 받는 선물이지만, 그것들은 다른 사람들을 섬기는 선한 청지기로서 하나님이 지시하는 대로 사용해야 한다. 성경은 지나친 율법주의와 은혜를 혼동시키지 않기 위하여 조심한다. 예수께서는 언약 관계의 삶은 소유의 풍부함을 보장하는 것이 아님을 알려 주기 위해 고심하신다. 옛 언약이든 새 언약이든 언약은 계약이 아니라 하나님과 그의 백성 사이의 관계로서, 그 안에서 인간은 자신의 잠재력(하나님이 주신)을 달성하고 하나님은 삶과 죽음을 통해 인간을 붙들어 주실 것이다. 인간이 비인간화되어 스스로 고통을 당하고 또 남에게 고통을 주는 것은 하나님의 뜻이 아니요, 이는 하나님과의 언약을 파괴하는 것이다. 한편 종교를 자신의 이득을 도모하는 수단으로 사용하려는 위선 행위도 언약을 파괴하는 것이다. 거룩한 삶은 미가가 표현했듯이 "오직 공의를 행하며(하나님께로부터 의롭다 함을 받을 때에만 가능하다.), 인자를 사랑하며(자격 없는 우리가 하나님께로부터 받은 자비에 응답하여), 겸손히 하나님과 함께 행하는 것(믿음과 철저한 의존)"이다. 이것이 거룩한 삶이요, 그에 따른 상급은 사랑 속에서 생동하는 믿음에 의해 은혜롭게 살게 되는 것이다. 이는 우리를 사랑하시고 우리를 위해 자신을 내주신 예수 그리스도를 통해 정복자 이상이 되는 것이다. 의인은 나무와 같다. 이들은 이 세상이

줄 수도 없고 빼앗아 갈 수도 없는 특별한 평화 속에서 살게 된다.(Albert C. Outler, Richard B. Wilke)

요약

바벨론 포로생활에서의 귀환은 약속된 가나안 땅으로의 진입과 흡사했다.

• 하나님은 구원자이시다.

귀환한 이스라엘 백성의 관심사는 다음과 같았다.

• 재건된 성전

• 예배의 순수한 형식과 영감

• 언약 공동체의 재구성

• 유대인의 운명은 정치나 지리와 결부된 것이 아니요 종교적인 것으로서, 유일하신 하나님을 섬기기로 한 서약의 갱신에 달려 있다. 하나님은 그의 백성을 정복자로 삼으시는 것이 아니라 하나님의 증거자로 삼으신다.

의로운 삶은 하나님 신앙 안에서 뿌리내리고 성장한 나무로 상징된다.

이방인과의 결혼은 언약 파괴로 간주되었는데, 그 이유는 유대교 신앙 밖에 있는 여인들이 가정에 다른 종교들을 들여와 종교적 충돌을 야기했기 때문이다.

유대인이 유일하신 하나님을 예배한 것은 그들의 깊은 확신에서 비롯한 것이었다. 경건한 생활은 하나님을 제일로 여기고, 그의 섭리를 신뢰하는 데 그 근본이 있다.

대화

재구성된 언약 공동체가 어떤 모습이었는지 설명하라.

■ 성경과 교재(50분)

이 과의 주제는 '의로운 생활'이다. 먼저 의로운 생활을 정의하고, 왜 의로운 생활이 필요한지를 설명하게 하라. 다음 질문을 중심으로 토의하라. 의로운 삶 자체를 보상으로 이해하는 것과 보상을 위해 의로운 삶을 사는 것의 차이점은 무엇인가?

둘째 날부터 넷째 날까지 읽은 성경 말씀은 학생용 교재에 있는 '경건한 길을 걷기 위한 성경 지침'에 기록한 것들과 연관이 있다. 한 사람이 한 가지씩 차례로 대답하게 하라. 성경 인용이 필요할 경우 그 구절을 읽게 하라.

잠언이 지혜문학임을 확인하고, 지혜문학의 특징을 찾아 열거하라. 지혜문학이 언제 구약성경 경전에 들어왔는지에 관한 자료가 필요할 수도 있으니 미리 준비하라. 잠언을 읽으면서 특별하게 마음에 와 닿은 구절에 밑줄을 친 사람도 있을 것이다. 어떤 구절

인지 서로 공유하게 하라.

이 과의 마지막 부분에는 에스라서와 느헤미야서가 언급된다. 이 책들이 언제 쓰였으며, 또 기록된 사건들이 언제 일어났는지 확인해 보라.

유대인들이 왜 순종과 의로운 생활을 원했는지에 대한 전후 관계를 파악하기 위해 아브라함 시대부터 에스라-느헤미야 시대까지의 이스라엘의 역사를 되짚어 보라. 그런 후에 느헤미야 8:1~9:5; 10:28~39를 한목소리로 읽거나 한 사람에게 크게 읽게 하라. 한 주간 동안 읽고 공부하면서 기록한 질문, 대답, 통찰 등을 중심으로 토의하라.

필요에 따라 교재의 '더 알아보기'에 있는 내용을 사용하라.

■ 휴식(10분)

■ 말씀과의 만남(25분)

성경: 시편 112편

각자 조용히 본문을 읽게 하라. 이 말씀은 하나님과 인간의 관계에 대해 무엇을 말하는가? 인간에 대해서는 무엇을 말하는가?

■ 제자의 모습(20분)

그리스도의 제자는 순종의 대가가 크더라도 하나님의 율법에 일치하는 생활을 하려고 노력한다.

앞부분에 나오는 '우리의 모습'을 먼저 읽고 이 부분을 시작하라. 그리고 나서 다음과 같이 질문하라. 각자의 경험에 비추어 볼 때, 이 진술은 어느 정도 정확한가? 의로운 삶의 대가는 무엇인가? 교재에 제시된 질문들을 중심으로 전체가 토의해도 좋다.

■ 마침 기도(10분)

15 | 고난이 올 때
When Trouble Comes

■ **지도자에게**

이 과에서는 대부분의 시간을 욥기에서 인용한 성경 구절을 읽는 데 쓰게 될 것이다. 각 역을 누가 담당해 읽을 것인지를 미리 결정하라. 주중에 전화를 걸어 동의를 얻고 연습할 시간을 주라.

역할을 맡은 이들이 앞에 나와 앉아서 읽을 것인지 제자리에서 읽을 것인지 결정하라. 어떤 이들은 이 부분을 따라 읽고 들으면서 자기의 생각을 표시해 놓을 수도 있고, 어떤 이들은 그저 듣기만을 원할 수도 있다.

인용문을 읽고 나서 그 안에 있는 논쟁점을 찾아내기 전에 휴식을 갖는 것이 좋을 것이다.

■ **시작 기도(5분)**

■ **이끄는 이야기(20~25분)**

준비

나피어 박사는 욥기의 구조에 관한 간략한 분석과 함께 욥기의 의미를 이해하는 데 필요한 몇 가지 단서를 준다. 이 부분은 욥기의 인용 구절 낭독을 위한 무대가 될 것이다.

욥기를 읽고 나서도 이 책이 의도하는 바가 무엇인지를 이해하기 어렵다고 해서 좌절할 필요는 없다. 학자들은 성경 연구를 통해 욥기를 여러 부분으로 구분하여 혼란을 없애는 데 큰 공헌을 하였다.

1~2장은 서론으로, 하나님과 사탄 간에 극적인 대화가 있고 믿음을 '시험(?)' 하기 위해 욥이 선택된다.

3~31장은 대화의 장들이라고 불리는데, 법정에서의 변론을 연상케 한다. 변론은 욥과 그의 세 친구, 즉 엘리바스와 빌닷과 소발 사이에 세 차례씩 이어진다. 이 부분의 마지막에 이르러서는 모든 것이 혼란 속에 빠진다. 빌닷의 변론은 중간에 끊기고, 26~27장에 나오는 변론은 욥의 발언인데 모든 것이 그가 지금까지 주장했던 것과는 대조가 된다. 28장의 지혜를 찬양하는 시도 욥의 것으로 되어 있는데, 나머지 변론과는 직접적인 관련이 전혀 없다.

32~37장은 엘리후의 변론으로, 가장 연소자인 엘리후는 그들의 변론을 듣고만 있었다. 이 부분은 후대에 추가되었거나 잘못 삽입된 것 같다. 문맥상 31장(욥이 하나님 앞에서 마지막으로 자기의 입장을 호소하려 함) 다음에 바로 38장(하나님의 응답)으로 넘어갔어야 더 자연스럽다.

38:1~42:6은 하나님의 말씀으로, 욥의 발언에 대한 응답이다. 마지막 부분인 42:7~17은 결론이다.

독자들은 산문 형식으로 된 서론과 결론, 그리고 시 형식의 나머지 부분 사이의 차이점을 본능적으로 느꼈을 것이다. 하나님을 지칭하는 명칭 자체에서도 이 두 부분은 차이가 있다.

학자들 중에는 욥기의 저자가 욥에 관한 고대의 민간 설화를 신학적인 차원에서 각색한 것이라고 생각하는 이들도 있다. 고대의 민간 설화는 서론과 결론 부분에 나오는 이야기인데, 이 단순한 이야기를 웅장한 시의 형태로 확대시켰다는 것이다. 욥의 이야기를 통해 보여 준 저자의 통찰력은 고대의 민간 설화를 훨씬 뛰어넘는다. 그러나 이 이야기는 사람들에게 이미 많이 알려졌던 것이기에 저자는 내용에 큰 변화를 가져올 수 없었다. 이 때문에 욥기 안에서 서로 모순되는 부분이 생기게 된 것 같다. 그러나 그러한 모순 속에서도 욥기에는 배울 점이 매우 많다.

서론과 결론 부분의 하나님은 다른 부분의 하나님보다 훨씬 우리에게 가깝고 온화한 분으로 나타난다. 욥의 성격도 일관성이 없다. 서론에 나타난 욥은 강한 인내심을 가진 우리가 보통 생각하는 욥의 이미지다. 그러나 그 후에 나오는 욥은 분노에 가득 찬 상처받은 사람, 대답을 강요하는 전혀 다른 사람으로 나타난다.

욥과 그의 친구들의 변론에서 우리는 욥의 고난에 대한 여러 가지 서로 다른 설명을 듣는다. 하지만 이 중에 어느 한 가지도 결정적인 대답으로 제시되지는 않는다. 가능한 대답들을 생각해 보자.

욥기는 의로운 자가 이생에서 번영하고, 악한 자는 불행을 맞는다는 전통적인 교리에 이의를 제기하는 책이라는 것이 일반적인 해석이다. 그런데 욥의 친구들의 주장은 고통은 죄에 대한 징벌이라는 것이다. 그러므로 고통을 당하는 것은 당사자 자신이 모른다 해도 죄를 지었기 때문이라는 것이다.

어떤 학자들은 욥의 이야기는 이스라엘 민족의 이야기와 동일한 것이라고 주장한다. 그러나 이스라엘의 전 역사가 욥기에서는 무시되었기 때문에 그것이 저자의 의도였다고 할 증거는 없다. 하지만 이야기의 의미를 파악하는 데 작은 실마리를 제공해 줄 수는 있을 것이다. 욥과 이스라엘은 모두 본래 의롭고 흠이 없으며 하나님과 특별한 관계를 가지고 있다. 그런데 어느 날 말할 수 없이 큰 재난을 맞게 된다. 욥은 재산과 가족과 건강을 모두 잃고, 이스라엘은 모든 것을 빼앗기고 포로로 잡혀 간다. 양자 모두 이러한 부당한 처우에 항변하여 주변 국가의 조롱거리가 된다. 결국 하나님께서는 욥과 이스라엘 민족의 교만을 꾸짖으셨고, 그들은 다시 종의 역할을 취함으로써 회복된다.

교만의 문제가 욥기의 의도를 해석할 수 있는 실마리가 될 수도 있다. 변론 부분의 마지막 장들에서 욥은 비극이 있기 전의 날들을 회상한다. 자신의 의로운 행위들을 나열하고, 그가 하나님과 특별한 관계에 있었음을 상기한다. 그러나 하나님은 노한 음성으로 응답하신다. "네가 감히 나더러 잘못했다는 거냐? 나를 정죄함으로 너 자신이 옳다고 하는 거냐?"

이러한 해석은 옛날 욥의 이야기의 결론과 결합하여 더욱 설득력을 얻는다. 욥은 그의 친구들을 위해 기도하라는 소리를 듣는다. 그리고 친구들을 위한 중보기도의 봉사를 함으로써 모든 것이 회복된다. 이처럼 욥의 성취는 (이것은 우리 모두의 성취이기도 하다.) 교만을 버리고 종의 역할을 받아들임으로 가능했다.

그러나 이러한 해석이 변론 부분과 결론 부분의 상이점을 해결해 주는가? 결론 부분은 욥이 지금까지 반론을 제기하던 것, 즉 번영은 의로운 자의 상급이라는 사실을 확인하는 것같이 보인다.

만약 이 문제에 대한 해결책이 있다면 대부분의 주석가들이 소위 신의 현현이라고 부르는 부분, 즉 여호와의 변론 속에서 하나님이 욥에게 나타나시는 부분에서 발견할 수 있다.

그러나 여전히 문제는 명확하게 풀리지 않는다. 욥의 도전에 대한 직접적인 응답도 없고, 그가 고난 받는 이유도 설명되지 않는다.

욥의 도전에 대한 하나님의 대답은 욥을 향한 하나님의 도전으로 나타난다. "너는 대장부처럼 허리를 묶고 내가 네게 묻는 것을 대답할지니라." 저자의 목적은 하나님과의 관계 속에서 욥을 바른 위치에 앉히려는 것인가? 시대를 막론하고 우리가 누구이며, 누가 모든 것을 주장하는지 분명히 하려는 것인가? 하나님은 욥의 무지 외에는 다른 것으로 그를 정죄하시지 않는다. "너는 나의 목적이 무엇인지 이해할 수 없다."는 이 말씀에 욥은 만족한다. 그리고 자신의 잘못을 고백하고 회개한다. 그가 원하던 대답은 아니더라도 결국 욥은 대답을 얻는 셈이다.

욥은 무엇보다도 믿음의 사람이다. 그러므로 그의 고난 문제에 대한 대답은 하나님과 얼굴과 얼굴을 맞대고 만나는 기회에서 찾을 수 있다.(B. Davie Napier)

요약

욥기의 구조는 다음과 같다.
- 1~2장: 서론, 하나님과 사탄이 욥의 믿음을 시험하기로 동의함
- 3~31장: 욥과 그의 세 친구 간의 대화
- 32~37장: 엘리후의 변론
- 38:1~42:6: 하나님의 답변
- 42:7~17: 결론

서론과 결론은 산문 형식이고, 나머지는 시 형식이다.
욥기에 관한 몇 가지 해설은 다음과 같다.
- 욥기의 목적은 의로운 삶이 보상을 받고 악은 불행을 부른다는 신앙에 반대하여 논쟁하려는 것이다.
- 어떤 주석가들은 이스라엘의 이야기와 욥의 이야기에 비슷한 점이 있다고 본다. 이스라엘 백성과 욥은 오만을 버리고 종의 역할을 받아들임으로써 사명을 완수하게 된다.
- 어떤 이들은 하나님이 욥에게 나타나신 사실에서 욥기의 의미를 찾는다. 문제의 해결은 욥이 직접 하나님을 대면하는 장면에서 이루어진다.

대화
욥기의 구조와 가능한 해석에 대한 질문이나 응답을 이끌어내라.

■ 성경과 교재(50분)
역사적인 문맥으로 볼 때 욥의 실제 이야기를 쓴 시기와 욥기를 쓴 시기의 공백에 주목하라. 그 둘을 마치 같은 시기인 것처럼 만든 이유에 대해 토의하라. 필요하면 이 책의 구조에 관해 좀 더 분석해 보라. 욥기의 인용 구절을 읽기 전에 들은 후에 해야 할 일을 미리 알려 주라. 다음 세 단계를 큰 종이에 적어 게시하라.

1. 욥의 친구들이 한 권고를 찾고, 각각 어떤 종류의 권고인지 구분해 보라.

2. 욥의 친구들의 이야기가 오늘날에는 어떤 식으로 사용되는지 생각해 보라.

3. 그 이야기들이 부분적으로는 진실이지만 전부가 적절한 것은 아니라는 견해에 대해 생각해 보라.

■ 욥기 인용문 읽기
낭독을 듣고 나서 세 사람씩 짝을 지어 욥의 친구들의 여러 가지 충고와 변론을 찾아내라. 매일 성경을 읽으면서 적어 두었던 것들이 이 부분에서 매우 유용하게 쓰일 것이다. 정한 시간 안에 활동이 끝나면, 전체가 한자리에 모여 각 그룹의 생각과 아이디어들을 나누라.

■ 휴식(10분)

■ 말씀과의 만남(25분)
그리스도의 제자는 이유를 설명할 수 없는 고난에 직면했을 때에도 하나님을 신뢰한다.

'우리의 모습'을 읽은 후 다음 질문을 하라. 이유를 알 수 없는 고난이 닥쳐왔을 때 우리를 좌절과 절망으로부터 지키고 보호하는 것은 무엇인가? 비록 아무런 응답이 없다 해도 하나님을 신뢰하는 것을 배우려면 어떻게 해야 할까?

■ 마침 기도(10분)

16 | 구세주 대망
People Hope for a Savior

■ 시작 기도(5분)

■ 이끄는 이야기(20~25분)

준비
다니엘서의 특징을 잘 파악하고 염두에 두라.

다니엘이라는 사람은 누구인가? 그에 대한 정보를 제공하는 자료는 다니엘서뿐이다. 우리가 아는 것은 다니엘이라는 이름이 지혜롭고 의로운 어떤 사람과 관계되어 있다는 것이며, 이 책의 저자가 다니엘이라는 이름이 지닌 특별한 의미 때문에 이 이름을 택했으리라 추측할 수 있다. 다니엘서는 묵시문학으로, 그 기본 요소, 즉 상징적 언어 사용, 역사의 시대 구분, 종말에 대한 기대 등을 두루 갖추었다.

다니엘서는 기원전 2세기에 쓰였는데, 저자는 이스라엘의 장래에 큰 관심을 기울였다. 그 당시 이스라엘은 그리스 문화, 특히 그리스 종교의 영향을 크게 받고 있었다. 통치자였던 안티오코스 4세 에피파네스는 유대인을 핍박하여, 그의 통치 기간에 할례와 안식일 준수, 유대교의 율법서 지참은 사형에 해당하는 범죄 행위로 간주되었다.

다니엘서의 저자는 유대 백성과 야웨종교의 보존에 깊은 우려를 나타냈다. 아마 그 당시 상황을 지켜보면서 '내가 무엇을 하여 나의 동족 유대인 형제자매들이 그리스 문화의 유혹을 물리치도록 격려할 수 있을까? 핍박받는 동족에게 무엇이라 말할 수 있을까?' 같은 생각을 하였을 것이다. 그는 결국 바벨론에서 포로생활을 한 선조들의 이야기를 들려줌으로써 동시대의 유대인들을 격려하고자 했다. 그의 시대에도 유대인들은 믿음을 파기하고 다른 신을 숭배하는 유혹을 받고 있었기 때문이다.

다니엘서의 이야기는 기원전 606년, 예루살렘이 느부갓네살의 침공을 받았던 때에서 시작된다. 느부갓네살 왕은 예루살렘의 총명한 젊은이들을 바벨론으로 데려가 그를 섬기게 했다. 다니엘은 이 때 끌려간 유다 청년 중 한 사람이었다.

다니엘과 그의 친구들은 바벨론에서 유대교 신앙을 포기하고 바벨론 문화를 받아들이도록 강요를 받았다. 유대교 율법에 따른 음식법을 포기하고, 점성술과 마술을 믿으라는 강압적 명령을 받았다. 그리고 이를 거절하자 놀림감이 되고 벌을 받으며 위협을 당하였다.

다니엘서의 이야기와 그것이 기록된 시대의 공통점을 찾아보라. 두 경우 모두 유대인들은 외국의 지배를 받고 있었다. 그리고 완전한 동화를 강요당했다. 이러한 상황에서 신앙을 지킨다는 것은 매우 어려운 일이었다.

이 창의적 저자는 동시대의 유대인들을 향해 믿음을 굳게 지키라고 권면한다. 그는 핍박을 당하는 자들과 신앙 변절의 유혹을 받는 자들을 격려하기 위해 그들에게 다니엘서를 주었다. 그렇다면 오늘날 한국이나 미국에 살고 있는 우리에게 주는 다니엘서의 메시지는 무엇인가? 오늘날에도 믿음을 지키기 위해 몸부림치는 사람들이 있고, 다니엘은 이처럼 핍박 중에도 굳건히 신앙을 지키는 현대 지도자들과 비교될 수 있다.

다니엘서에서 우리는 묵시문학이라 불리는 문학 형식과 그것이 다루는 특별한 주제들을 발견하게 된다. 다니엘서에서 발견할 수 있는 묵시문학의 요소들은 요한계시록에서도 찾아볼 수 있는데, 앞에서 언급한 것처럼 상징적 언어 사용과 역사의 시대 구분(현세와 내세), 그리고 긴박한 종말에 대한 기대 등이다.

다니엘서는 크게 두 부분으로 나뉜다. 전반부는 일곱 개의 꿈 이야기요, 후반부는 네 개의 환상이다. 전반부에서 바벨론 통치자들의 변화와 유대종교의 진실성을 바라는 한 위인을 발견한다. 이 부분에서는 믿는 자들이 굳건히 서기를 권면한다.

그러나 다니엘은 후반부에서 통치자들에 대한 기대를 완전히 포기하고 오로지 하나님께 소망을 둔다. 그는 현세에서는 아무런 변화도 볼 수 없음을 깨닫고, 내세에서 믿는 자에게 주어질 상급을 강조한다.

다니엘서는 믿는 자들에게 용기를 북돋워 주는 책이다. 신학자들은 이 책에서 큰 가치를 발견했고, 성경에서 처음 제기되는 신학적 통찰력을 지적했다. 다니엘서에 포함된 신학적 사상으로는 육체의 부활, 메시아 사상, 전달자로서의 천사, 묵시론 등을 들 수 있다.

요한계시록처럼 사람들은 여러 가지 상이한 방법으로 다니엘서를 읽어 왔다. 어떤 사람들은 이 책에 등장하는 상징들을 현대의 정치적 사건들로 해석하려고도 했다. 그러나 다니엘서의 목적은 그러한 해석을 초월한다. 다니엘서의 메시지는 시공간을 초월하여 믿는 자가 핍박을 받을 때, 사회의 유혹이 극심할 때 들려져야 할 메시지다.(Jorge González)

요약
다니엘서의 저자는 이 이야기를 바벨론 포로 시기에 고정시켰는데, 이는 다니엘의 이야기와 이 책이 쓰인 시대를 비교하기 위해서다. 묵시적 예언이 다니엘서의 주제와 문학적 형식을 규정한다.

다니엘서는 두 부분, 즉 일곱 가지 꿈과 네 가지의 환상으로 나뉜다. 이 책의 주요 신학적 개념들은 다음과 같다.

- 육체의 부활
- 메시아, 구세주에 대한 희망
- 전달자로서의 천사들
- 묵시적 예언

다니엘서에서 찾을 수 있는 상징적 표현은 메소포타미아 신화에서 유래되었다.

대화

곤잘레스 박사의 글에서 얻은 새로운 통찰이나 의문점들을 중심으로 서로의 생각을 나누라.

■ 성경과 교재(50분)

다니엘서를 제대로 이해하기 위해서는 이 책이 실제로 쓰인 시기와 그 시대의 상황을 설명하기 위해 사용한 인물들을 이야기 속에 첨가한 때를 이해할 필요가 있다.

묵시문학의 주제와 특징들을 이해하고 그 의미를 깨닫기 위해 이를 설명하는 성경 구절들을 찾아 읽게 하라. 다니엘서의 주석을 보면 이에 대한 정보를 얻을 수 있다.

다니엘서의 희망의 메시지를 이해하기 위해서는 먼저 유대인들이 안티오코스 4세 에피파네스의 압제 아래서 어떤 것을 느끼고 경험했는지 알려는 노력이 필요하다. 성전 안에는 우상들이 놓여 있었고, 예루살렘은 파괴되었으며, 안식일을 지키는 것과 음식에 관한 규정과 할례법과 희생 제사 등이 전부 금지되었다. 서너 명으로 소그룹을 만들어 옛 유대인들의 위대한 신앙과 그 실천 규례에 비교할 만한 기독교인들의 신앙과 실천 규례를 찾아보게 하라. 그리고 그러한 어려운 상황에서 기독교인들은 어떤 것들을 느끼고 경험하게 될지 상상해 보게 하라. 또 다음과 같은 질문을 하라. 기독교인들은 다니엘서에서 어떠한 희망의 메시지를 듣게 되는가?

다니엘서에서 메시아를 의미하는 구절을 공부할 때, 이것이 이스라엘과 이스라엘의 메시아적 사명에 대해 무엇을 말하는지 발견하게 도와주라. 또한 이것이 후에 기독교인들에게는 어떻게 해석되었는지를 알아보라.

다니엘서에서 희망을 찾아보라. 두 사람씩 짝을 지어 주중에 읽은 성경 말씀 중 한 부분씩을 골라 그 안에서 희망의 메시지를 찾아보라. 그 후 전체가 모여 결과를 함께 나누라.

■ 휴식(10분)

■ 말씀과의 만남(25분)

성경: 이사야 65:17~25

한 사람에게 본문을 읽게 하라. 이 구절은 하나님을 어떻게 묘사하는가? 인간에 대해서는 무엇을 말하는가? 하나님과 인간의 관계에 대해서는 무엇을 말하는가?

■ 제자의 모습(20분)

그리스도의 제자는 그 옛날 핍박을 견디며 믿음을 지켰던 하나님의 백성과 하나라는 사실을 자각하면서 영의 눈을 열어 하나님의 왕국을 바라보고 소망 중에 살아간다.

마지막 질문에 대한 응답으로 '우리의 모습'과 이 부분을 연관 짓게 하라.

■ 지도자에게

이제까지 정리해 놓은 성경 각 권의 저작 연대와 사건 연대표를 복습하고, 추가할 것이 있으면 넣어라.

■ 마침 기도(10분)

17 | 신구약 중간기
The Time of Transition

■ 시작 기도(5분)

■ 이끄는 이야기(20~25분)

준비

몰할런드 박사의 글에서 세 가지 중요한 주제, 즉 통치 권력, 종교 단체들, 유대교의 형태 등에 주의를 기울여라.

약 500년 동안 자주독립을 누리던 이스라엘은 기원전 587년에 바벨론에 포로로 잡혀 가 400년간 강대국의 지배를 받게 된다. 이러한 경험은 구약 언약 공동체의 삶에 큰 변화를 가져다주었으며, 이로써 랍비 중심의 유대교와 기독교 출현의 서막이 열린다. 성경적으로 볼 때 이 시대는 신비로 덮여 있다. 학개와 스가랴(기원전 520년경부터), 에스라와 느헤미야(기원전 465~430년경부터)를 통해 이 시대를 엿볼 수 있다.

바벨론 제국의 예루살렘 함락은 유대인들의 거처에 변화를 가져왔다. 많은 유대인들이 바벨론에 포로로 잡혀 갔으며, 상당수는 애굽으로 피신했다. 이로부터 500년 동안 유대인들은 바벨론과 애굽을 중심으로 지중해 전 연안에 흩어져 살게 되었다. 이들을 '디아스포라(diaspora)'라고 부른다. 바벨론에서 살게 된 유대인들은 성전의 희생 제사 없이 어떻게 언약 백성으로서 남아 있을 수 있는지를 두고 씨름하게 된다.

이에 대한 해답으로 토라, 즉 모세의 율법에 매일 충실할 것을 강조한다. 포로로 잡혀 간 제사장들은 율법 교사들이 되었다. 유대인들이 모인 곳 또는 회당은 율법을 읽고 가르치는 장소가 되었다. 기원전 539년 바사(페르시아)가 바벨론을 정복한 다음 100년 동안 포로로 잡혀 갔던 이스라엘의 소집단들이 예루살렘으로 돌아왔다. 예루살렘 성전은 재건되었고 제사 의식은 부활하였다.

제사 의식과 함께 율법을 가르치는 평신도 선생들도 생겨나게 되었는데, 이들은 서기관들로서 바벨론에서 시작된 율법 해석 작업을 계속 발전시켰다. 이렇게 하여 성전과 제사장의 제사 의식만이 유대교 신앙의 전부가 아니라 회당과 서기관의 가르침이 점차적으로 그 영역을 넓혀 유대인의 신앙생활에서 중요한 위치를 차지하게 되었다. 바사 제국의 통치 기간(기원전 539~333년) 동안 팔레스타인의 유대교를 대변하는 제사장 집단과 서기관들의 율법 해석에 순종하면서 살려고 한 백성 사이에 간격이 생기게 되었다. 기원전 333~323년에 알렉산드로스 대왕이 바사를 정복한 뒤(그리스 시대부터 기원전 333~167년) 팔레스타인은 애굽의 프톨레마이오스 왕조의 지배 아래 있었고, 그 후에는 시리아의 셀레우코스 왕조의 지배를 받게 된다. 특별히 셀레우코스 왕조의 통치 아래서

그리스 문화는 유대의 지배 특권층에게 큰 영향을 끼쳤다. 그리고 하시딤이라 알려진 충성스러운 서기관들의 추종자들이 드디어 마카비 혁명을 일으켰다. 하스모니아 왕조라고 알려진 유다 마카비의 후손들은 팔레스타인의 유대인들을 규합해 기원전 63년 로마의 정복으로 끝을 맺을 때까지 독립국가로 이끌어 나갔다. 하스모니아 독립 시대(기원전 167~63년)를 지나는 동안 신약 시대에 중요한 역할을 한 세 집단이 탄생하였다. 이 중 두 집단은 마카비 혁명의 불을 일으킨 경건파 하시딤에서 파생되었는데, 경건파 열심당인 분리주의자 에세네파와 서기관의 가르침을 엄격히 지킴으로써 이 세상에서 제사장적 경건생활을 추구했던 바리새인들이었다. 한편 대제사장 가족들과 부유한 유대인들, 소위 지배층의 권력자들은 하스모니아 왕조를 중심으로 결속하였는데, 이들은 사두개인으로 알려진 집단이 되었다.

하스모니아 왕조의 통치 말기에 두 부류의 문서들이 유대인들의 권위서가 되었는데, 곧 모세율법과 예언서들이다. 우리가 가지고 있는 구약성경의 역사서들도 이에 포함되었다. 이 밖에 '성문서'라고 하는 세 번째 부류의 성경이 형성되었다. 여기에는 다니엘, 시편, 잠언, 에스더, 아가, 전도서, 욥기와 현재 외경이라고 불리는 책들의 대부분이 포함된다. 이 문서들 중에는 이 세상을 지배하며 하나님의 백성을 억압하는 악의 세력들을 쳐부술 하나님의 최후 승리를 기다리는 묵시문학이 많다. 외세의 지배 아래 오랫동안 억압받던 유대인들의 경험이 이스라엘을 하나님의 선택받은 백성으로 재건하기 위한 하나님의 개입을 열망하게 만들었던 것이다.

로마의 통치 시대(기원전 63년 이후)는 폼페이우스가 군대를 이끌고 예루살렘으로 진군해 들어온 사건으로 시작된다. 이것으로 유대인들은 또다시 외세에 종속된다. 로마의 탄압은 하나님의 구원을 기다리는 과격한 바리새인들을 더욱 열심파로 만들었다. 이 열심당원들은 로마의 정복 이후에 출현하여 지하 운동으로 또는 공개적으로 로마 통치에 저항했다. 급기야 1세기 중반에 이르러 시카리라고 하는 과격한 열심당원들은 로마 관리들과 친로마 유대인들을 살해하는 등 공개적으로 로마에 저항하기 시작했다.

기원후 66년에 반로마 유대 전쟁이 발발했는데, 이것은 열심당원들과 시카리파들의 행동 결과였다. 로마의 통치 기간 중에 팔레스타인에 있는 유대인들은 메시아를 대망하게 되었다. 그런데 아이러니하게도 정작 메시아이신 예수님은 유대 애국자들에게 심문을 당했다. 예수께서는 거짓 메시아들을 조심하라고 자신을 따르는 사람들에게 경고하셨다. 역사가 요세푸스의 증언과 사도행전을 통해서도 1세기에 거짓 메시아들이 빈번히 출현했던 사실을 알 수 있다.

정치적으로 억압받고, 경제적으로 착취당한 유대인들은 혁명

적 메시아를 고대했고, 또 한편으로는 제사장적 메시아 또는 하나님의 아들이 나타나 자신들을 로마에서 구출하고 하나님의 나라를 세워 주기를 열망했다.

팔레스타인의 경제적 불균형은 부유한 상류층과 가난한 자, 실업자의 수를 증가시켰다. 특별히 이처럼 가난한 자들과 실업자들 사이에서 메시아에 대한 기다림이 더욱 높았다. 이들 중에서 열심당과 시카리파의 추종자들이 많이 생겼으며, 큰 무리가 예수님을 따르기도 했다.

유대교는 팔레스타인 지역을 벗어나 주변 로마 제국으로 확대되었다. 회당이 흩어진 유대인 공동체의 구심점이 되었고, 서기관들의 율법 해석이 그들의 일상생활을 지배하였다. 유대교는 유일신 사상과 상부상조를 중심으로 한 공동체의 구조, 무의미한 이 세상에 생의 의미와 목적을 주는 원리 때문에 많은 이방인들의 관심을 끌었다. 그 중 일부는 유대인들과 함께 예배를 드리고 그들의 생활에 참여하기 위하여 이방 세계에서 이탈했는데, 이들을 '하나님을 두려워하는 자'라고 불렀다. 또한 어떤 이들은 아예 유대인이 되기 위하여 필요한 과정을 거쳤는데, 이들은 '개종자'라고 불렸다. 이 두 집단은 유대교와 이방 세계의 다리 역할을 했고, 또 이 다리를 통해 그리스도의 복음이 유대인 세계에서 벗어나 로마라는 더 큰 세계로 뻗어 나가게 되었다.(M. Robert Mulholland, Jr.)

요약

성전과 희생 제사를 빼앗긴 바벨론에 있던 유대인들은 그 대신 율법에 심혈을 기울였다. 그 후 예루살렘으로 돌아와서는 성전을 재건했고, 제사 제도를 다시 실시했다. 성전과 희생 제사가 유대교 신앙의 중심이었던 옛 상황에서 벗어나 회당과 서기관들에 의한 율법의 가르침이 유대인 생활의 구심점이 되었다.

그리스의 문화가 유대 귀족사회에 큰 영향을 주었고, 그 결과 마카비 혁명이 일어났다. 그 후 유다 마카비의 후손인 하스모니아 왕조의 통치 아래서 유대인들은 얼마 동안 독립을 누릴 수 있었다.

그 기간에 신약 시대에 많은 영향력을 행사하게 되는 세 그룹이 생겼다. 에세네파, 바리새파, 사두개파가 그것이다. 하스모니아 왕조의 통치 말년에 이르러서는 율법서, 예언서, 성문서들이 유대인들의 경전이 되었다. 유대인들의 메시아에 대한 기대가 로마의 통치 기간에 고조되었다.

이방인들은 유대교에 매혹되었는데, 이는 유대교의 유일신관, 공동체 구조, 생의 목적과 의미를 주는 원리들 때문이었다.

대화

기독교의 출현을 위해 어떤 무대가 준비되었는지 알아보고 토의하라.

■ 성경과 교재(50분)

이 과의 주제는 다른 과의 주제들과 조금 다르다. 이것이 어떤 뜻인지, 또 어떻게 부합되는지 이야기하라.

에스더서와 요나서의 성격, 기록된 시기와 목적 등을 언급하라. 등장인물, 배경이 되는 장소들, 구성, 목적 등을 통해 이 책들을 공부하고 토의하는 것도 좋다. 다음 질문을 중심으로 서로의 생각을 나누게 하라. 이 이야기들은 신구약 중간기에 대해서는 무엇을 말하는가? 유대교에 어떤 일이 일어나고 있었는가?

데살로니가서는 바울이 쓴 편지 중에 가장 초기의 것이지만, 신구약 중간기와는 역사적인 관련이 없다. 그러나 이 책은 그 당시 앞으로 다가올 시대에 대한 관심을 강조하였다. 데살로니가서도 등장인물, 장소, 목적 등을 중심으로 공부하면 좋을 것이다.

17과와 19과에는 서기관, 바리새인, 사두개인, 에세네파에 관한 자료가 있다. 이 과가 이 그룹들을 어떻게 다루었는지를 알기 위해 19과도 참조하라.

학개서와 스가랴서, 말라기를 읽은 사람이 있으면 그들의 연구 보고를 듣는 시간을 마련하라. 아니면 주요 부분만을 크게 낭독해도 좋을 것이다.

■ 휴식(10분)

■ 말씀과의 만남(25분)

성경: 요나 3:10~4:11

한 사람에게 본문을 큰소리로 읽게 하라. 이 성경 구절은 하나님에 대해 무엇을 말하는가? 인간에 대해서는 무엇을 말하는가? 하나님과 인간의 관계에 대해서는 무엇을 말하는가?

■ 제자의 모습(20분)

그리스도의 제자는 구약성경에 기록된 신앙 선조들과 하나임을 매순간 자각하며, 예수 그리스도의 복음을 듣고 이해할 때에도 이 역사적 관계를 잊지 않는다.

신구약 중간기는 공백기가 아니라 기다림의 기간, 다리 역할을 하는 기간이었다. 교재에 기록한 답을 가지고 토의하기 전에 이에 대해 이야기를 나누라. 다음 질문을 중심으로 토의하라. 기독교인들이 자신을 하나님의 역사적인 백성과 연결시키면 성경을 이해할 때 어떤 점이 달라지는가?

■ 마침 기도(10분)

신약 성경 연구

18 | 철저한 제자로 부르심
Radical Discipleship

■ 시작 기도(5분)

■ 이끄는 이야기(20~25분)

준비

예수님에 대한 마태복음의 독특한 표현이 무엇인지에 관심을 집중하며 켁 박사의 글을 들으라.

초대 기독교인들은 예수님의 행적 중에서 특별히 예수님을 나타내는 데 중요하다고 생각하는 것들을 기억하고 또 전했다. 이 사실은 가끔 우리를 당황하게 만드는 두 가지 문제에 대해 설명을 해 주기도 한다. 첫째, 우리가 알고 싶어 하는 예수님에 관한 많은 정보들이 더 이상 전해지지 않게 된 이유를 알 수 있다. 예수께서는 결혼을 하셨을까? 사해사본에 관해 알고 계셨을까? 둘째, 복음서들은 모두 같은 사람에 관한 기록임에도 서로 어긋나는 부분이 있는 이유를 설명해 준다. 같은 사건을 보도할 때에도 전혀 다른 상황에서 기록하기 때문에 다른 의미를 갖게 되는 경우가 있다. 결국 복음서 기자들은 자신만의 이해와 방식으로 복음서를 기록했다는 것이다.

그렇다면 마태는 어떤 것으로 예수님의 중요성을 천명했는가? 여러 가지가 있다. 그 중 하나가 예수님은 구약성경의 대망을 성취하신 분이라는 신앙이다. 마태복음처럼 이 점을 강조한 복음서는 없다. 예수께서 자신은 율법과 예언들을 완성하기 위해 왔다고 말씀하셨다는 기록은 오직 마태복음에만 있다. 또 마태복음만이 예수께서 '교회'라는 용어를 사용하신 것으로 기록하였다. 특별히 이 성경 연구에서 중요한 것은 마태만이 "제자를 삼으라."는 예수님의 마지막 명령을 기록하고 있다는 사실이다. 예수를 따르라, 예수께 복종하라는 제자로의 부르심은 마태복음 전체에서 강조된다.

예수님의 가르침 중에 가장 중심이 되는 주제를 든다면 무엇일까? 황금률일까? 하나님을 사랑하고 이웃을 사랑하라는 계명일까? 아니면 자기 십자가를 짊어지라는 부르심일까? 마태복음에 따르면 모두 아니다. 예수님의 가장 중요한 교훈은 "회개하라. 천국이 가까이 왔느니라(마 4:17)."다. 이 말씀은 회개와 천국 그 둘 사이의 관계를 이해하게 한다.

마태복음에서 천국은 일반적으로 죽은 다음에 가는 장소라고 생각하는 하늘을 뜻하지 않는다. 천국은 하나님 나라와 동일하다. 왜냐하면 이런 경우 '하늘'은 하나님을 의미하기 때문이다. 이보다 더 중요한 것은 하나님 나라는 어떤 장소를 말하는 것이 아니라 완전한 하나님의 통치가 이루어진 상태를 의미한다는 것이다.

주기도문에 똑같은 것을 의미하는 두 줄의 기도가 있는 이유가 바로 이것이다. "나라가 임하옵시며 뜻이 하늘에서 이루어진 것같이 땅에서도 이루어지이다." '하나님 나라'는 여러 가지 의미가 있는 하나의 상징이다. 예수께서 어느 곳에서는 하나님 나라가 도래한다고 말씀하시고, 또 다른 곳에서는 하나님 나라에 들어간다고 하신 이유가 여기에 있다.

또 중요한 것은 예수님과 마태복음이 사용한 '회개'라는 개념의 의미다. 회개는 히브리어로 '테슈바'인데, 이는 되돌아선다는 의미다. 예수께서는 '회개'라는 개념을 구약의 예언자들이 사용했던 방법으로, 즉 옛 생활에서 돌이켜 새로운 생활로의 전향을 촉구하는 의미로 사용했다. 회개는 죄를 져서 미안하다는 감정이나 참회가 아니라 잘못된 것을 바로잡는 적극적 행위다. 자신의 삶을 하나님을 향해 돌이키는 것이다.

그렇다면 하나님 나라와 회개는 어떤 관련이 있는가? 예수님의 설교에 따르면 하나님 나라가 가까이 왔기에 우리는 회개해야 한다. 마태복음에 따르면 세례 요한도 이와 똑같은 것을 말했다. 그러나 이 둘 사이에는 큰 차이가 있다. 간단히 말해 세례 요한은 하나님 나라를 맞이하기 위한 준비로서의 회개를 외쳤지만, 예수님에 따르면 회개는 이미 임한 하나님 나라에 대한 응답이다. 이처럼 모든 것이 이해의 차이에 따라 달라진다. 마태복음에 따르면 산상설교는 하나님 나라가 오기 전에 완수해야 할 것들을 요구하는 것이 아니라 하나님 나라가 예수님 안에서 가까이 왔으니 우리가 마땅히 해야 할 응답들을 제시한 것이다. 그런데 불행하게도 많은 교회에서 듣는 설교들은 예수님의 가르침보다 세례 요한의 가르침에 더 가까운 것 같다.

예수 그리스도 안에서 하나님 나라가 가까이 왔다는 것은 하나님 나라가 눈에 보이지는 않으나 이미 현존하고 있음을 말하는 것이다. 예수께서 하나님 나라에 관해 비유로 말씀하신 이유가 바로 여기에 있다. 비유는 좀 더 정확하고 분명하게 다른 말로 설명할 수 없는 것들을 표현하기 위해 사용되었다. 비유는 하나님 나라의 일면을 드러내는 이야기를 우리 앞에 제시해 주는데, 우리가 그 요점을 제대로 파악하고 그것이 우리 생활에 직접 영향을 끼치게 해야 할 것이다. 좋은 비유는 좋은 농담과 같아서 요점을 파악할 수도 있고, 파악하지 못할 수도 있다. 비유의 요점을 파악한다는 것은 하나님 나라에 의해 영향을 받고 우리의 삶을 하나님께로 향하도록 변화를 받는 것이다.

예수님의 비유를 읽고 그 요점을 파악할 수 있는가? 농담처럼 비유도 그 뜻을 설명할 수 있다. 그러나 설명이 있다고 해서 비유가 그 역할을 다하는 것은 아니다. 설명은 우리의 호기심을 만족시켜 줄 수는 있으나 우리가 처한 상황에 대한 대답은 비유 자체다. 이 사실을 직접 경험해 보기 위해 마태복음 13장에 나오는 밭의 비유를 먼저 설명 없이 읽고, 그런 다음에 설명을 읽으라. 어느 것이 제자로서의 우리 역할을 더 잘 이해하게 도와주는지를 보라.(Leadnder E. Keck)

요약

바울 이전에도 예수님에 대한 복음이 있었다. 그러나 바울의 서신들은 모두 복음서들보다 먼저 기록되었다. 복음서들은 예수께서 돌아가신 지 30~60년 후에 기록되었다.

각 복음서는 특수한 기독교인 집단을 위해 기록되었다.

마태에 따르면 예수님은 구약성경의 대망의 성취다. 예수께서 자신은 율법과 예언들을 성취하기 위해 온 것이라고 말씀하셨다는 기록은 마태복음에만 있다.

마태복음이 말하는 예수님의 가르침의 중심 주제는 "회개하라. 천국이 가까이 왔느니라."다.

예수께서는 돌이킨다, 하나님께로 향한다는 뜻으로 '회개'라는 말을 사용하셨다.

세례 요한은 하나님 나라에 대비하기 위해 회개하라고 외친 반면 예수님은 하나님 나라에 대한 응답으로서의 회개를 말씀하셨다.

예수님은 하나님의 나라를 비유를 사용하여 가르치셨다.

대화

마태복음을 읽으면서 하나님 나라와 회개에 관한 내용이 어디에 언급되고 있는지 찾아보라. 켁 박사의 글을 염두에 두고 비유들을 자세히 검토하라.

■ 성경과 교재(50분)

구약성경 부분에서 연대표를 작성했듯이 신약성경 각 권의 저작 연대표를 작성하기 시작하라. 또 신약성경을 연구하며 얻게 되는 새로운 정보들을 첨가하기 위한 기본 틀로 교재 31과에 있는 간략한 연대표를 사용하라.

수집한 정보를 나눔으로써 마태복음의 성격과 목적이 무엇인지 찾으라. 마태복음은 누가, 언제, 누구를 위해 기록했으며, 이 책의 주요 주제들은 무엇인가? 저자가 예수님에 관해 쓰고자 한 요점은 무엇인가?

제자도에 대한 예수님의 근본적이고 독특한 요구가 무엇인지가 이 과의 중요한 질문이다. 이 질문에 답변하기 위해 세 사람씩 짝을 지어 산상수훈을 부분적으로 나누어 주라. '철저한 제자'를 정의하기 위해 날마다 적은 기록을 나누게 하고 다음 질문을 하

라. 이 정보가 '철저한 제자'에 대해 무엇을 말하는가? 또 이것이 철저한 제자도를 감당하는 데 어떤 방향을 제시하는가?

■ 휴식(10분)

■ 말씀과의 만남(25분)

성경: 마태복음 20:1~16

한 사람에게 본문을 큰소리로 읽게 하라. 각자 조용히 한 번 더 읽게 하라. 이 성경 구절은 하나님에 대해 무엇을 말하는가? 인간에 대해서는 무엇을 말하는가? 하나님과 인간의 관계에 대해서는 무엇을 말하는가? 세 사람씩 짝을 지어 위의 질문을 중심으로 토론하라.

■ 제자의 모습(20분)

그리스도의 제자는 모든 것을 포기하고 전적인 희생과 헌신으로 따르라는 예수님의 명령을 받아들이고 응답한다.

이 부분에 있는 질문들에 대한 대답은 서로 나누기에는 너무 사적인 것이라고 생각할 수도 있으나, 반면 자신의 제자도가 어떤 위치에 있는지 서로 이야기하고 싶어 하는 사람도 많을 것이다. 다음 질문을 하라. 교회는 왜 예수님의 제자를 양성하는 일보다는 교인수를 늘리는 일에 머무르려고 하는가? 교재에 제시된 두 번째 질문은 이 과의 첫머리에서 있는 '우리의 모습'에 연관된다. 그 설명을 함께 큰소리로 읽고 나서 질문에 대답하라.

■ 마침 기도(10분)

19 | 그리스도를 둘러싼 논쟁
Mounting Controversy

■ **시작 기도**(5분)

■ **이끄는 이야기**(20~25분)

준비

퀵 박사는 예수께서 유대교 지도자들을 대단히 비판적인 시각으로 보셨던 이유를 알려 준다. 이것은 많은 사람들에게 새로운 정보가 될 것이며, 마태복음을 읽고 이해하는 데 큰 도움을 줄 것이다. 이 점에 주의를 기울여 들으며 메모하라.

교회사에 가장 큰 영향을 끼친 마태복음과 요한복음은 유대인들을 향한 기독교인들의 태도를 형성하는 데 중요한 역할을 했다. 요한복음의 예수님은 유대인들이 자기 조상의 악령을 물려받았다고 정죄한다. 마태복음에서 '서기관과 바리새인과 외식하는 자들'이 일곱 번 연속으로 정죄받는 것을 발견할 수 있는데, 이 세 그룹은 동일하게 취급된다. 현대 기독교인들도 복음서의 시각을 따라 유대인을 정죄의 대상으로 보아야 하는가? 기독교인들이 유대인들을 향해 한 모든 일의 책임을 복음서에 돌릴 수 있는가?

왜 마태복음의 예수님이 유대교 지도자들을 향해 그처럼 혹독한 말씀을 하셨는지 이해하기 위해서는 유대인이었던 예수님의 제자들과 기원후 70년 예루살렘 성전이 파괴된 이후의 유대교 회당에 관한 역사 지식이 필요하다. 이전까지 예수님을 따르던 사람들은 팔레스타인에 있는 여러 유대인 집단들, 즉 바리새인, 사두개인, 사해사본을 만들어 낸 사해의 수도승들, 혁명적 열심당원들, 유대계 기독교인들 중의 한 집단이었다. 이들 사이에는 긴장과 경쟁이 있었으나 그런 대로 서로 잘 지냈다. 그러나 기원후 70년의 비극으로 끝나게 된 유대인의 대로마 반란 이후로 사두개인들과 쿰란의 수도승들과 혁명적 열심당원들은 모두 자취를 감추게 되었다. 그리고 남은 것은 바리새인들과 유대계 기독교인들뿐이었다. 그렇게 남은 바리새인들 중에 지도자였던 사람들은 교사(랍비)가 되어 회당을 중심으로 유대교를 재형성하려고 했다. 반면에 유대계 기독교인들은 이들로부터 다른 이들을 적대시하는 유대교와 부딪치게 되었다. 이러한 상황에서 유대계 기독교인들은 예수님과 바리새인들의 긴장 관계를 강조하게 되었고, 자신들을 회당 중심의 유대교와 구분하기 위해 예수님의 반바리새적인 말씀과 이야기에 동조하였다. 다시 말하면 기독교인들은 바리새인에 대한 예수님의 비판을 기억하고 그들이 지닌 공통점을 간과하였다. 즉 마태복음은 교회와 회당의 긴장이 바리새인들과 예수님의 긴장보다 더 강했음을 반영하며, 예루살렘의 파괴는 유대인의 잘못에 대한 하나님의 징벌이었다고 생각하는 것 같다.

예수님과 바리새인들 사이에 어떤 직접적인 충돌이 있었는지 기록된 것이 없기 때문에 자세히 알 수는 없다. 예수님에 관해 우리가 알고 있는 모든 것은 후기 교회의 필요성에 따라 추가된 것들이다. 그러나 동시에 예수님 시대의 바리새인들이 가지고 있던 전승과 전통도 자신들의 영향력을 강화시키기 위한 랍비들의 필요에 따라 가감된 것도 사실이다. 그러므로 예수께서 부딪쳤던 유대교의 진면모를 분명히 한다는 것은 쉽지 않다. 그러나 몇 가지 분명한 것이 있다. 예수님과 바리새인들은 모두 하나님의 뜻이 율법, 특히 오경에 구체적으로 명시되어 있다고 믿었다. 그러나 바리새인들에게는 세 가지 특징이 있었다. 첫째, 이스라엘 민족 전체를 율법에 복종하게 하려는 그들의 열정이었다. 그들은 율법을 제사장들에게만이 아니라 모든 사람에게 적용시키려고 했다. 율법에 하나님의 백성은 하나님을 위한 제사장의 나라가 되어야 한다고 하지 않았는가? 둘째, 바리새인들은 고대의 율법이 새로운 상황에 적용되어야 하며, 율법에 전적으로 복종할 수 있는 유일한 길은 율법이 요구하고 요구하지 않는 것을 정확히 아는 것에 있다고 생각했다. 안식일에 일을 하지 말아야 한다는 것은 무엇을 의미하는가? 이에 대한 대답으로 먼저 일의 정의부터 내려야 한다. 불을 피우는 것도 일인가? 소를 먹이는 것도 일에 속하는가? 또 안식일은 언제 시작하여 언제 끝나는가? 다른 말로 하면 바리새인들은 율법학자들이 될 수밖에 없었다. 우리 주변에서도 예를 들 수 있다. 수입세에 관한 세무청의 규제들을 생각해 보자. 누군가가 수입에 대한 정의를 내려야 하고, 부양가족의 범위를 정해야 하며, 언제부터 부양가족의 범위를 벗어나게 되는지 정해야 한다. 누구든지 율법에 구체적으로 제시된 대로 하나님의 뜻을 행하려 한다면 율법주의자가 된다. 바리새인들의 문제는 율법의 이러한 세칙들을 부록이 아니라 율법 자체로 생각했다는 데 있다. 그들에게 율법은 두 가지 형태였는데, 모세의 책에 기록된 문서 형태의 규례와 성경 교사들에게 구전되어 온 세칙과 판례들이었다. 오늘날 변호사들이 케이스와 판례들을 찾듯이 바리새인들은 자신들의 해석이 옳다는 것을 보여 주기 위해 이전의 가르침들을 인용했다.

그렇다면 예수님과 바리새인들 사이의 문제는 무엇이었는가? 그들을 분리시킨 두 가지 이유가 있다. 첫째, 예수께서는 어떤 행위가 옳고 의로운지를 묻기보다 율법을 어긴 행위냐 아니냐를 아는 것으로 만족해하는 것이 율법주의자의 생각이라고 보셨다. "이것은 절대 율법에 저촉되지 않는다."라는 말로 자기 행위를 변호하는 사람을 못마땅하게 생각하셨다. 예수께서 간음죄는 간음 행위를 해야만 적용되는 것이 아니라고 하신 이유가 바로 여기에 있다. 그 반대도 역시 옳다. 즉 안식일 규례를 기술적으로 어긴다 해도 안식일을 지킬 수 있고, 그 목적을 달성할 수 있다. 바리새인들은 하나님의 뜻을 따르기 위해 율법 이면의 진실성을 들추어내는 예수님의 가르침과 행위 때문에 자신들의 가르침이 큰 타격을 받는다는 사실을 잘 알았다. 여기서 파생된 것이 바리새인들의 눈에는 예수님이 하나님의 뜻이 무엇인지 아는 것처럼 행동했다는 사실이다. 바리새인들이 보기에 예수님은 하나님과 직통 전화를 하는 사람처럼 행동했다. 바리새인들이 예수께 "누가 이 권위를 당신에게 주었느냐?"고 물었다는 마태복음의 기록이 이해가 된다. 물론 마태복음 독자들은 바리새인들이 알지 못하나 믿도록 권유받은 것이 무엇인지 안다. 그것은 예수님에게 그런 권위를 주신 하나님이었다. 그러므로 예수님과 바리새인들 사이의 언쟁은 교회와 회당 사이에서 계속되었다. 그 이유는 초대교회가 율법에 대한 상이한 태도를 발전시킨 것은 바로 예수님의 이름으로였기 때문이다. 자신들의 새로운 태도를 정당화하는 것에 정비례하여 바리새인에 대한 예수님의 비판도 더욱 강조했다.

예수님은 율법에서 우리를 구원하고자 오신 것이 아니라 하나님의 뜻 안에서 우리를 보호하고 율법에 매인 우리를 구원하고자 오셨다. 예수님과 바울에 따르면 문제는 율법이 아니라 우리 자신이다.(Leander K. Keck)

요약

기원후 70년 예루살렘이 멸망한 후에 사두개파, 에세네파, 열심당 등은 그 자취를 감추었고, 바리새파와 유대인 기독교인들만이 남게 되었다. 바리새파의 지도자들은 랍비가 되었고, 여러 회당에서는 유대교가 강화되기 시작했다.

유대계 기독교인들은 바리새파 사람들과 공유해 오던 모든 것을 무시하고 회당에서 떠나 자기들만의 독특성을 강조하기 위해 예수님과 바리새인들의 긴장 관계를 역설했다.

교회와 회당의 충돌은 예수님과 바리새인들 사이에 있었던 긴장보다 더 강했다.

바리새인들은
• 이스라엘의 모든 백성을 율법에 복종하게 하려는 열정이 있었다.
• 고대의 율법을 새로운 상황에 어떻게 적용해야 할지 알기 위해 율법학자들이 되었다.
• 율법의 세부적 해석과 시행을 율법 자체로 간주했다.
예수님과 바리새인들을 구별하는 두 요소는
• 예수님은 법을 어겼는지 여부보다 그 행위가 의로운지 또는 공정한지에 관심을 두었다. 즉 하나님의 뜻을 위해 법 이면의 진실성을 가늠하는 것을 중시했다.
• 예수님은 마치 하나님의 뜻이 무엇인지 알고 있는 것처럼 행동했다.

대화

여기서 논점이 되는 것은 바리새인에 대한 예수님의 견해와 태도, 그리고 마태복음에 영향을 준 초대교회의 견해 사이의 차이점이다. 초대교회의 견해를 분명히 하기 위해 예수님과 바리새인들 사이에 서로 주고받은 것들을 자세히 연구 조사하는 것도 좋을 것이다.

■ 성경과 교재(50분)

마태복음 1~25장은 18과에서 읽은 말씀과 중복이 된다. 그러나 여기서 강조하는 것은 가치의 충돌, 종교적 논쟁, 정치적 충돌이다. 세 개의 소그룹을 만들라. 첫째 그룹은 제시된 성경 말씀과 기록한 메모들을 토대로 가치의 충돌을 찾아보라. 둘째 그룹은 종교적 논쟁의 증거 자료를, 셋째 그룹은 정치적 충돌의 증거 자료를 각각 찾아보라.

그 당시 예수님이 어느 정도로 영향력 있는 존재였는지는 마태복음 26~28장에 분명히 나타난다. 이 과의 요절인 마태복음 16:24~25을 통해 26~28장에 나오는 큰 사건들을 보라. 그리고 십자가 사건에 관계된 사람들을 찾으라.

1세기의 종교 집단을 오늘날의 종교 집단에 적용한다면 우리는 그들을 교회의 중진들이라고 부를 것이다. 다음 질문을 중심으로 토의하라. 예수님은 어떻게 현대 교회의 중진들과 다투고 계신가?

■ 휴식(10분)

■ 말씀과의 만남(25분)

성경: 마태복음 26:69~75
본문을 조용히 읽고, 다음을 생각해 보라.
1. 새롭게 깨달은 점
2. 본문의 중심 사상
3. 우리에게 말해 주려고 하는 의미
개인적으로 느끼고 깨달은 바를 쓰고 서로 나누라.

■ 제자의 모습(20분)

그리스도의 제자는 기만과 가식을 버리고, 제자를 만드는 선교 사역에 헌신한다.

예수님도 우리에게 하나의 위협이 된다. 그의 가르침이 우리의 생활 방식에 큰 변화를 요구하기 때문이다. 기만과 가식을 버리고 하나님 앞에 작아지는 것이 '우리의 모습'에서 설명한 생활 방식에 어떠한 영향을 미칠까?

■ 지도자에게

'더 알아보기'에 제시된 특별 과제를 어떻게 실천에 옮길지 함께 계획하라.

■ 마침 기도(10분)

20 | 숨겨진 메시아
The Hidden Messiah

■ 시작 기도(5분)

■ 이끄는 이야기(20~25분)

준비

소명을 받고 예수님을 숨겨진 메시아로 이해하기까지 제자들의 신앙 여정을 더듬어 보라. 특히 여정의 세 단계에 주목하라.

마가복음은 열두 제자가 부름을 받은 후 참 제자가 되기까지, 그리고 예수님을 숨겨진 메시아로 이해하게 되기까지의 고통스러운 여정을 조심스레 엮은 책이다.

제자들의 신앙 여정의 첫째 단계는 예수님이 누구인지 이해하려는 것이다. 마가복음 서두부터 8장 중반에 이르기까지는 열두 제자들이 예수님의 비유와 교훈의 의미를 제대로 이해하지 못했다. 이러한 현상은 한두 번의 단순한 몰이해나 일시적 취약성 때문에 일어난 것이 아니다. 예수께서는 거듭하여 제자들의 이해 부족을 책망하신다. "너희가 이 비유를 알지 못할진대 어떻게 모든 비유를 알겠느냐(막 4:13)?" "너희도 이렇게 깨달음이 없느냐?"(막 7:18)

제자들의 몰이해는 숨겨진 메시아의 참 사명이 무엇인지 깨닫지 못한 데 있었다. 그들은 자신의 안전과 성공과 정치적 승리 등 자기 자신에게 큰 관심이 있었기에 씨 뿌리는 자의 단순한 비유도 이해하지 못하거나 이 비유가 하나님 나라의 도래와 어떤 관련이 있는지를 볼 수 없었다. 그들의 관심사는 예수님의 관심사와는 전혀 달랐다. 그들의 어두운 눈으로는 예수님과 그의 사명을 둘러싼 영광만을 보았지 닥쳐올 고난을 볼 수 없었다.

열두 제자의 신앙 여정의 둘째 단계는 예수님이 과연 메시아라는 사실을 그들이 인정하게 되면서 시작된다. 하지만 여전히 그들은 예수님의 메시아 본질을 제대로 이해하지 못한다.

마가복음 8장에서 예수님은 제자들에게 직설적으로 물으신다. "너희는 나를 누구라 하느냐?" 베드로는 "주는 그리스도시니이다(29절)."라고 대답한다. 이 대답만 놓고 보면 제자들이 숨겨진 메시아를 바로 이해하는 것이라고 생각할 수 있다. 그러나 예수께서 자신을 고난 받는 메시아로 설명했을 때 베드로는 예수님을 만류한다. 예수께서는 자신을 고난 받는 인자라고 하신다. 그리고 제자의 소명은 고난 가운데서 그를 따르는 것이라고 다시 명확히 말씀하신다. 고난 받는 인자를 인정한다는 것은 고난 가운데 숨겨진 메시아를 따르라는 부르심을 받아들이는 것이다.

제자들에게 '고난 받는 메시아'는 매우 낯선 개념이었다. 유대인의 전통에 따르면 메시아는 영광과 존귀 가운데 오게 되어 있었

다. 메시아는 왕 중의 왕으로서, 로마의 압박을 물리치고 이스라엘을 해방시켜 줄 승리의 전사로 오게 되어 있었다. 그런데 고난을 받고 거부당하고 죽임을 당하다니, 열두 제자의 메시아 기대 속에는 이러한 것들이 자리 잡을 수 없었다. 예수께서는 마가복음 8:34~38에서 "누구든지 나를 따라오려거든 자기를 부인하고 자기 십자가를 지고 나를 따를 것이니라(34절)."고 제자들에게 가르치신다. 여기서 다시 마가복음은 예수님과 열두 제자 간의 이해의 차이를 보여 준다. 예수께서는 메시아의 본질을 드러내기 위하여 고난의 길을 택하셨다.

그러나 야고보와 요한이 구한 것은 무엇인가? 10장에서 그들은 "주의 영광 중에서 우리를 하나는 주의 우편에, 하나는 좌편에 앉게 하여 주옵소서(37절)."라고 간청한다. 예수께서는 "너희는 너희가 구하는 것을 알지 못하는도다(38절)."라고 대답하신다. 그들은 자신의 요구에 뒤따르는 큰 희생을 보지 못했다. 아직도 고난 받는 메시아를 이해하지 못한 것이다. 그들은 이 땅에서 안전을 추구했다. 변화산 기사 후에 예수께서는 자신이 누구인지 사람들에게 말하지 말라고 제자들에게 당부하신다. 앞으로 올 영광의 표를 보여 주신 것이지만 이것이 위험을 초래할 것을 아셨기 때문이다. 열두 제자들은 앞에 놓인 것이 무엇인지 몰랐기에 예수님의 메시아 상을 왜곡시켰던 것이다.

마가복음 후반부에서 예수님의 고난을 강조한 것은 마가복음 기자에게 고난 받는 인자가 참 메시아임을 이해하는 것이 얼마나 중요한지를 보여 준다.

이제 제자들은 고난과 십자가의 실체를 직면하게 된다. 그리고 고통스러운 이 세 번째 단계가 복음서를 완성시킨다. 예수께서는 예루살렘으로 승리의 입성을 하신다. 제자들의 기대는 절정에 이른다. 예수님은 영광의 왕이요, 이제 그의 역할을 완성하실 것이다. 그러나 그들의 기대는 여지없이 무너진다. 예수님은 체포되고 거부당하고 채찍을 맞고 결국 십자가에 못 박힌다.

열두 제자는 자신들의 계획이 모두 수포로 돌아가게 되었을 때 어떻게 반응하는가? 마가복음 14:50을 보면 "제자들이 다 예수를 버리고 도망하니라."고 기록되어 있다. 장로들이 예수님을 거부했듯이 제자들도 그를 거부했다. 그들은 숨겨진 메시아의 고난을 받아들일 수 없었다. 마지막 거부는 베드로가 했다. 그가 공개적으로 예수님을 부인했을 때, 그것은 예수에게서 받은 고난의 소명을 거부한 것이다. 열두 제자에게 숨겨진 메시아의 대가는 너무나 엄청났다. 그들이 추구하는 위치와 권세를 얻기 위해 너무나 큰 대가를 치러야 했다.

마가복음 기자는 여기서 열두 제자의 이야기를 끝낸다. 그러나 숨겨진 메시아는 예수님의 무덤을 찾아간 여인들에게 하나님의

참된 권세와 영광 중에 나타나셨다. 부활의 능력을 개인적으로 경험함으로써 그들은 숨겨진 메시아의 본질을 이해하게 된다. 이 경험은 예수님의 추종자들에게 새로운 시작이 되었다. 제자가 되는 길은 회개와 예수님의 부르심에 응답함으로써 시작된다. 그리고 그것은 숨겨진 메시아의 권세와 고난을 충분히 받아들일 때에만 생길 수 있다. 우리는 열두 제자의 이야기를 안다. 우리 자신의 이야기는 어떠한가?(Dal Joon Won)

요약

마가복음이 전하는 열두 제자의 신앙은 세 단계로 구분된다.

1단계
- 예수님이 누구인지를 이해하려고 했다.
- 메시아의 참된 사명을 근본적으로 이해하지 못함으로써 메시아 이해에 실패했다.
- 예수님의 고난을 보지 못하고, 예수님과 그의 선교 활동을 둘러싼 명예와 영광만을 보았다.

2단계
- 예수님이 메시아이심은 알게 되었지만, 여전히 고난 받는 메시아로서의 참 모습을 곡해한다.
- 예수님은 제자들의 소명을 고난 속에서도 그를 따르는 소명으로 바꾼다.
- 마가복음의 후반부는 인자의 고난을 예수님의 메시아 특성으로 강조한다.

3단계
- 고난 받는 메시아를 따르는 데는 큰 희생이 요구되었으므로 제자들은 예수님을 버리고 도망쳤다.
- 숨겨진 메시아는 무덤을 찾아간 여인들에게 하나님의 능력과 영광 중에 나타나셨다.

참된 제자도 회개와 예수님의 부르심에 응답함으로써 시작된다.

제자도는 숨겨진 메시아의 고난 받는 특성을 받아들임으로써만 생긴다.

대화

우리는 예수님을 어떤 분으로 이해하며, 또 그가 우리에게 어떠한 제자도를 요구하시는지에 대해 토의하라.

■ 성경과 교재(50분)

마태복음과 마가복음의 내용을 비교하라. 어떤 이야기와 사건들은 두 복음서 모두에 기록된 반면 어느 한 책에만 기록된 것들도 있다. 이것을 비교 연구하라. 성경 사전이나 성경의 주를 참조하면 도움이 될 것이다.

마태복음과 비교하여 마가복음의 특별한 논조를 알기 위해 각자의 기록을 서로 나누게 하라. 마가복음에서 긴박한 느낌을 주는 것은 무엇인가?

마가복음 3:16~19에 있는 제자들의 이름을 외우라. 마태는 세리였는데, 세리에 관해 조사한 사람이 있으면 발표하게 하라.

예수님은 권능을 행하심으로 하나님 나라를 선포하셨다. 예수님이 행하신 여러 가지 권능을 나타내는 말들을 찾으라. 그런 후에 아래의 질문을 가지고 토의하라. 예수님의 권능과 권능 사용 방법에 대해 예수께 한 가지 질문을 하라고 한다면 어떤 질문을 하겠는가?

■ 휴식(10분)

■ 말씀과의 만남(25분)

성경: 마가복음 9:2~13

한 사람에게 본문을 큰소리로 읽게 하라. 그리고 다음 질문을 하라. 만약 베드로와 야고보와 요한처럼 예수님과 함께 변화산에 있다면 어떤 것을 생각하고 느끼게 될까? 만약 야고보와 요한이라면 베드로의 제의를 어떻게 받아들일까? 본문을 통해 어떤 통찰을 얻을 수 있는지 토의하라.

■ 제자의 모습(20분)

그리스도의 제자는 자기부인과 고난으로 부르는 것이 자신에게 주어진 선교 사명임을 이해하고 받아들인다.

이 과의 주제에 주의를 집중하라. 그러고 나서 '우리의 모습'을 큰소리로 읽으라. 다음 질문을 가지고 토의하라. 고난과 자기부인이 어떻게 복된 소식으로 이해되고 경험될 수 있는가? 교재에 있는 질문에 답한 것을 가지고 계속 토의하라.

사순절 기간에 전체 모임이 없다 해도 한 주에 한 끼를 금식하고 그 돈을 모아 굶주린 이웃을 돕는 방안을 생각해 보라.

■ 마침 기도(10분)

21 | 잃은 자를 찾으시는 하나님
God Seeks the Least, the Last, the Lost

■ 시작 기도(5분)

■ 이끄는 이야기(20~25분)

준비

칼라스 박사의 글은 소외된 자들을 위한 하나님의 활동을 요약한 것이다. 이 부분에 초점을 맞추어 주의 깊게 들으라.

요한복음은 우리에게 하나님이 사랑이시라고 가르쳐 주지만 그것을 증명해 주는 것은 누가복음이다. 요한복음은 성경에서 가장 위대한 구절, 즉 "하나님이 세상을 이처럼 사랑하사…"를 우리에게 주었고, 누가복음은 이름들과 장소들을 구체적으로 알려 주었다. 누가복음은 또한 소자와 나중 된 자와 잃어버린 자를 찾으시는 하나님을 보여 준다.

누가복음의 이런 특성은 서두에서부터 발견할 수 있다. 누가복음은 예수님과 요셉과 마리아의 이야기가 아니라 자녀를 원했으나 얻지 못한 한 부부의 이야기에서 출발한다. 하나님은 그들의 고통을 보시고 그들에게 자녀 출산의 기쁨만 주신 것이 아니라 예수님의 길을 예비한 세례 요한을 주었다.

그리고 마리아의 찬가가 기록된 곳도 누가복음인데, 마리아는 이 노래에서 하나님이 "마음의 생각이 교만한 자들을 흩으셨고 권세 있는 자를 그 위에서 내리치셨으며 비천한 자를 높이셨고 주리는 자를 좋은 것으로 배불리셨으며 부자는 빈손으로 보내셨도다(눅 1:51~53)."라고 외친다.

예수님이 탄생한 날 밤에 하나님께서 목자들을 특별히 초대하신 것을 우리에게 전해 주는 것도 누가복음이다. 목자들은 1세기 유대인 사회에서 가장 신분이 낮고 보잘것없는 이들이었다. 그들은 남루한 옷차림에 양의 냄새를 풍기었기에 잔치에 초대받지 못하던 부류였다. 그런데 하나님께서는 그들을 예수님이 태어난 장소로 초대하셨다. 하나님께서는 동방 박사들을 사랑하는 만큼 목자들도 사랑하시기 때문이다.

누가복음을 통해 요셉과 마리아가 얼마나 가난했는지 짐작할 수 있다. 성결제를 드리기 위해 예수님을 데리고 성전에 올라갔을 때 그들은 가난한 자들에게 요구하던 제물인 산비둘기 두 마리나 어린 반구 두 마리를 바쳤다. 요셉은 육체 노동을 하는 목수로, 학자들이 모인 장소보다는 동네 장터에서 사람들을 만나 이야기하는 것이 더 편했다. 마리아는 시골 처녀로, 거친 손과 넓적한 발이 그가 얼마나 힘든 일을 하였는지 알려 주었다.

마태복음과 누가복음은 흔히 '팔복' 이라고 부르는 예수님의 특별한 가르침을 기록하였다. 그런데 누가는 이것을 가장 단순한 인간의 요구에 적용하는 것 같다. 마태복음은 "심령이 가난한 자는 복이 있나니(마 5:3)"라고 하였으나 누가복음은 단순히 "가난한 자는 복이 있나니(눅 6:20)"라고 했다. 또한 누가복음은 부요한 자와 배부른 자에 대한 예수님의 정죄를 추가했다.

1세기 사회에서 여인들은 특히 열등한 위치에 있었다. 누가복음은 예수께서 여인들에게 존엄성을 부여해 주셨다고 말한다. 예수께서는 장례 행렬을 멈추고 외아들을 잃고 슬퍼하는 과부를 위해 그의 죽은 아들을 살려 주셨다. 하루는 예수께서 지위가 높고 존경을 받는 사람의 집에 초대받아 가셨다. 그런데 식사 도중에 소문이 나쁜 한 여인이 들어와 비싼 향유로 예수님의 발을 적시고 머리칼로 닦았다. 다른 손님들은 예수께서 그 여인의 행동을 나무랄 것으로 생각했다. 그러나 예수께서는 오히려 여인의 헌신을 칭찬하셨다. 누가는 또 몇몇 여인들이 예수님의 선교 활동을 재정적으로 도왔던 것을 상기시킨다.

요한복음 3:16이 성경에서 가장 아름다운 구절이라면, 누가복음 15장은 가장 아름다운 장이라고 할 수 있다. 예수께서는 여기에서 세 가지 이야기를 하신다. 이야기는 이렇게 전개된다. 하루는 종교 지도자들이 예수께서 너무 많은 시간을 죄인들과 함께 지내는 것을 보고 매우 분노했다. 예수께서는 어느 날 저녁 키우던 양 백 마리 중 한 마리가 없어진 것을 발견하게 된 사람에 관한 이야기를 하셨다. 그는 잃은 양을 찾기 위해 밤에 광야로 나갔다. 이는 그가 어딘가로 사라져 버린 양을 미워한 것이 아니라 그를 위해 찾아 나섰다는 말이다. 예수께서는 또한 동전 한 닢을 잃어버린 여인의 이야기를 하셨다. 그는 등을 켜고 집안을 쓸며 잃은 동전을 발견할 때까지 열심히 찾았다. 우리도 귀중한 것을 잃었을 때 불평만 하지 않고 찾으려고 노력하지 않는가?

예수께서는 또 두 아들을 가진 아버지의 이야기를 하셨다. 한 아들이 유산을 미리 받아 집을 나갔다. 그는 허랑방탕하게 살며 아버지에게서 받은 돈을 낭비했고, 결국 돼지우리에서 돼지와 함께 먹는 신세가 되고 말았다. 이처럼 비참한 상태에서 정신을 차린 그는 집으로 돌아가기로 결심했다. 마침내 그가 집에 도착했을 때 아버지는 달려 나와 그를 맞이했다고 예수께서는 말씀하였다. 아버지는 그 날 저녁 큰 잔치를 베풀고 아들의 돌아옴을 축하했다.

그러나 이것이 끝이 아니다. 집에서 아버지를 도와 열심히 일한 큰아들은 집을 나갔던 동생을 위해 잔치가 벌어진 것을 보고 화를 낸다. 그리고 잔치에 참석하지 않겠다고 한다. 그것은 참으로 추한 장면이요, 아버지의 축하 잔치에 큰 오점이 되었다. 그러나 아버지는 큰아들을 위해서도 잔치를 베풀겠다고 말한다. 언제든지 원하면 너를 위해 잔치를 열 수 있다고 한다.

이 이야기를 통해 예수께서 말씀하시는 것은 하나님은 집을 떠나 죄 가운데서 모든 것을 탕진한 사람들, 어리석고 마음이 좁아 스스로 갇혀 있는 이들 모두를 사랑하신다는 것이다. 하나님은 주정뱅이도 사랑하시고 경건한 바리새인도 사랑하신다. 가장 작은 자, 잃은 자를 사랑하신다. 때로는 멀쩡한 사람도 탕자처럼 잃어버린 자가 될 수 있다.

예수께서 예루살렘으로 올라가시고 십자가를 지시게 되는 누가복음 마지막 부분에 또 하나의 아름다운 이야기가 나온다. 여리고 성을 지나가실 때 예수님은 삭개오라는 사람이 나무 위에 올라가 있는 것을 보시게 된다. 삭개오는 세리장으로 부자였다. 그리고 또 사람들에게 천대받던 사람이었다. 예수께서는 삭개오더러 나무에서 내려오라 하시고 그의 집에 가서 머무르셨다.

군중은 예수께서 어떻게 그런 사람의 집에 들어갈 수 있느냐고 수군거리며 불만을 표했다. 하지만 예수께서는 오히려 구원이 삭개오의 집에 이르렀다고 선언하셨다. 그리고 "인자가 온 것은 잃어버린 자를 찾아 구원하려 함이니라(눅 19:10)"고 말씀하셨다.

어떤 의미에서 이 이야기와 성경 구절은 누가복음 전체를 요약한 것이다. 누가복음은 처음부터 마지막까지 하나님께서는 가장 작은 자와 가장 나중 된 자와 잃어버린 자를 사랑하고 찾으신다는 사실을 말해 주기 때문이다. 이는 곧 우리 자신이다. 왜냐하면 우리 모두에게는 가장 작은 자, 가장 나중 된 자, 잃어버린 자가 되는 요소와 순간들이 있기 때문이다. 그러므로 마음을 다해 누가복음을 읽기 바란다.(Ellsworth Kalas)

요약

누가는 아이를 낳지 못하는 한 부부의 이야기로 시작한다.
마리아의 찬가는 소외자를 위한 하나님의 행위를 선포한다.
하나님은 목자들을 예수님 탄생 사건에 특별히 초청하셨다.
요셉과 마리아는 가난한 사람들이 준비하는 제물을 바쳤는데, 그것은 비둘기였다.
누가는 산상수훈을 저주의 말들과 연결시킨다.
예수님은 여자들에게 특별한 관심을 보이셨다.
누가복음 15장을 '하나님의 분실물 발견소'라고 부를 수 있다.
예수님의 이야기에서 하나님은 모든 소외자들을 사랑하신다.
우리 모두 때로는 가장 작은 자요, 나중 된 자요, 잃어버린 자다.

대화

칼라스 박사의 글에서 얻은 새로운 통찰과 질문을 가지고 토의하라.

■ 성경과 교재(50분)

마태복음과 마가복음에는 없고 누가복음에만 있는 구절들을 찾아보라. 그 구절들의 독특성에 대해 서로 이야기하라.

몇몇 비유들은 누가복음에만 있다. 비유들을 음미하기 위해 몇 가지를 찾아 크게 읽으라. 다양한 읽기 방법을 사용하라. 즉 번갈아 읽기, 한목소리로 읽기, 한 사람이 대표로 읽기, 돌아가며 차례로 읽기, 등장인물들과 해설자가 되어 대사를 낭독하듯 읽기 등이다. 읽은 후에 들은 메시지를 다시 한 번 정리하여 설명하게 하라.

요절인 누가복음 4:18~19를 참고하여 가장 작은 자, 가장 나중 된 자, 잃어버린 자에 관한 누가복음의 강조점을 익히라. 네 사람씩 짝을 지어 누가복음 전체를 읽어 가며 예수님이 자신의 사명을 어떻게 이행했는지를 묘사하는 사건들을 찾으라.

그들이 왜 가장 작은 자요, 나중 된 자요, 잃은 자인지 그 이유를 찾아보게 하라. 어떤 이들은 자신이 저지른 잘못 때문이 아니라 문화적인 편견 때문에 가장 작은 자가 되었다. 또 어떤 이들은 자신의 선택에 의해 가장 나중 된 자가 되었다. 세리와 같은 사람들이 그 좋은 예다. 그리고 어떤 이들은 지금까지 듣지 못했기 때문이 아니라 듣고도 거절했기 때문에 잃은 자들이 되었다. 예수님은 이러한 이유들에 어떻게 답변하셨는가?

십자가와 부활에 관한 이야기들을 비교하고, 4복음서에 있는 이야기들의 독특성에 대해 기록한 것이 있으면 발표하게 하라.

■ 휴식(10분)

■ 말씀과의 만남(25분)

성경: 누가복음 10:25~37

한 사람에게 본문을 큰소리로 읽게 하라. 각자 다시 한 번 조용히 읽게 하라. 예수께서는 무엇을 말씀하시는가? 오늘날 이 구절은 무엇을 의미하는가?

■ 제자의 모습(20분)

그리스도의 제자는 작은 자와 나중 된 자, 잃은 자를 위한 하나님의 선교를 중시하고 이에 동참한다. 먼저 '우리의 모습'을 읽어 '제자의 모습'과 연결시키라. 편안하고 안정적으로 살기를 원하는 인간적인 유혹과 소외된 자를 돌보라는 예수님의 명령 사이에서 자신은 어떻게 선택하고 행동하는지 돌아보게 하라.

교재에 있는 질문에 대한 각자의 대답을 중심으로 토의하라. 그리고 다음 질문을 하라. 내가 만약 작은 자, 소외된 자, 잃어버린 자라면 예수님께 무엇을 구하겠는가?

■ 마침 기도(10분)

22 생명을 주시는 주
Lifegiver

■ 시작 기도(5분)

■ 이끄는 이야기(20~25분)

준비

다음 질문을 마음에 두고 칼라스 박사의 글을 들으라. 예수께서 주시는 생명의 본질은 무엇인가?

요한복음은 모든 문학 중에 가장 극적인 문장으로 시작된다. "태초에 말씀이 계시니라. 이 말씀이 하나님과 함께 계셨으니 이 말씀은 곧 하나님이시니라(요 1:1)." 이는 마치 요한복음 기자가 "여러분은 창세기가 '태초에 하나님이 천지를 창조하시니라.'로 시작된 것을 보고 인상적이라고 생각하겠지만 여기 이 말씀을 들어보시오."라고 말하는 것 같다.

요한복음 기자는 분명히 극적인 표현가다. 그는 예수님에 대한 자신의 이해를 우리에게 전하기 위해 극적인 장면들을 전개시킨다. 한마디로 말하면, 그의 대주제는 생명이다. 요한은 예수님을 생명의 근원으로, 생명의 수여자로, 생명의 본질로 본다. 그는 "말씀이 육신이 되어 우리 가운데 거하시매(요 1:14)"라고 말하지만, 이것은 "생명이 육신이 되어 우리 가운데 거하셨다."라고 바꾸어 말할 수 있을 것이다. 왜냐하면 그것이 바로 이 복음서의 내용이기 때문이다. 즉 하나님의 영원하신 생명이 우리의 죽음의 세계에 침투한 것이다.

3장의 니고데모 이야기를 예로 들어보자. 율법학자요 경건한 바리새인인 니고데모는 예수님을 칭찬하는 말로 대화를 시작했다. 그러나 예수께서는 마치 그의 칭찬에는 관심이 없다는 듯 곧바로 말씀하시려는 요점을 던져 주셨다. "진실로 진실로 네게 이르노니 사람이 거듭나지 아니하면 하나님의 나라를 볼 수 없느니라(요 3:3)." 이 말씀은 "니고데모야, 네게 필요한 것은 생명으로 인도되는 것이다."라는 의미다.

거듭나야 한다는 말에 니고데모는 자기는 어머니 뱃속에 다시 들어가기에는 너무 늙었다고 대답을 한다. 예수님은 그에게 이렇게 말씀하셨다. "네가 육신적으로 이미 한 번 태어났으나 이제는 영적으로 태어나야 할 필요가 있다. 육신의 생명이 필요하듯이 영의 생명이 필요하다. 하나님은 생명을 위해 너를 만드셨다."

요한복음 3장에는 성경에서 가장 위대한 구절이 있다. "하나님이 세상을 이처럼 사랑하사 독생자를 주셨으니 이는 그를 믿는 자마다 멸망하지 않고 영생을 얻게 하려 하심이라(요 3:16)." 여기서도 생명, 영원한 생명이 다시 언급된다.

그 다음 장에는 사마리아 여인의 이야기가 나온다. 이 여인은 니고데모와는 정반대의 신분이다. 사회적으로나 종교적으로 받아들여질 수 없는 사람이다. 여인은 행복을 찾기 위해 나름대로 애를 써 왔다. 그 동안 다섯 명이나 되는 남편이 있었으며, 지금 같이 살고 있는 남자도 정식으로 결혼한 사이가 아니다. 사마리아 우물가에서 예수님은 그 여인에게 생수, 마시면 다시 목마르지 않을 생수에 대해 말씀하셨다. 이 물은 영원한 생명에 이르기까지 넘쳐흐르는 샘터가 될 것이라고 하셨다.

요한복음 6장에는 보리떡 다섯 개와 물고기 두 마리로 큰 무리를 먹이신 이야기가 나온다. 요한은 이 이적 기사를 통해 "내가 곧 생명의 떡이니라(요 6:35, 48)."고 말씀하신 예수님을 소개한다. 여기서 다시 생명이라는 말이 나온다.

예수님의 가르침을 받아들이기 힘들어 떠나가는 사람들이 생기게 되었다. 이 때 예수께서는 열두 제자들을 향해 "너희도 가려느냐(요 6:67)?"고 물으셨다. 베드로는 "주여, 영생의 말씀이 주께 있사오니 우리가 누구에게로 가오리이까(요 6:68)."라고 대답했다. 때로 베드로는 많은 말을 너무나 쉽게 하곤 했으나 이번만은 핵심을 짚었다.

요한복음 7장은 초막절을 지키기 위해 예루살렘에 올라가셨다가 "누구든지 목마르거든 내게로 와서 마시라. 나를 믿는 자는 성경에 이름과 같이 그 배에서 생수의 강이 흘러나오리라(37~38절)."고 외치신 예수님에 관해 기록한다. 그것은 평범한 물이 아니라 생수다.

예수께서는 10장의 선한 목자에 관한 교훈에서 단순한 문장으로 모든 것을 집약하신다. "내가 온 것은 양으로 생명을 얻게 하고 더 풍성히 얻게 하려는 것이라(10절)." 이것이 바로 예수께서 오신 이유다.

예수님의 선교가 다소 부정적으로 표현되었지만 예수께서는 이 세상을 죄에서 구하기 위해 오셨다. 만약 예수께서 하신 일이 이것뿐이라면, 즉 우리를 죄에서 건지시기만 하고 그것으로 그쳤다면 우리는 마치 깨끗이 청소는 되었으나 속이 비어 있는 불쌍한 존재가 되었을 것이다. 예수께서는 죄에서의 구원 그 이상의 것을 약속하셨다.

그것은 생명으로의 구원이었다. 따스함과 사랑과 웃음과 돌보심으로 가득 찬 총천연색 생명이다. 예수께서는 풍성한 생명을 약속하셨다.

요한복음 11장에서는 나사로의 이야기를 통해 생명에 대한 전체 이슈를 극대화시킨다. 예수께서 도착하셨을 때 나사로는 이미 나흘 동안이나 무덤에 있었다. 누이 마르다와 마리아는 예수께서 계셨더라면 나사로가 죽지 않았을 것이라고 했다. 예수께서는 마르다에게 "나는 부활이요 생명이니 나를 믿는 자는 죽어도 살겠고 무릇 살아서 나를 믿는 자는 영원히 죽지 아니하리니(요 11:25~26)."라고 말씀하셨다.

그러자 그들은 예수님을 모시고 무덤으로 갔다. 예수께서는 눈물을 흘리고 기도하셨다. 그런 뒤에 "나사로야, 나오라(요 11:43)."고 말씀하셨다. 그러자 나사로가 무덤에서 나왔다. 그의 몸은 미라처럼 수의로 감겨 있었으나 전에 보지 못했던 생명력이 넘쳤다.

나는 어떤 시골 목사가 설교 중 예수께서 "나사로야, 나오라."고 특정한 이름을 붙여 명령하신 것은 퍽 다행한 일이었다고 말한 것을 기억한다. 만약 '나사로'라는 이름을 사용하지 않았다면 그 공동묘지에 묻힌 사람들이 다 일어나 나왔을 것이기 때문이라는 것이다. 예수께서는 우리를 무덤, 즉 죄와 증오와 편견과 이기심과 고독의 죽음에서 건져내어 새로운 생명으로 부르시기 위해 이 세상에 오셨다. 생명, 이것은 요한복음의 핵심이다.(Ellsworth Kalas)

요약

요한복음의 주제는 생명이다. 예수님은 생명의 원천이다. 생명을 주시는 자요, 생명의 본질이다. 요한복음은 예수님 안에서 하나님의 꺼지지 않는 생명이 우리의 사망의 세계를 정복했다고 말해 준다. 예수님은 니고데모에게 영적 생명으로 거듭나라고 말씀하셨다.

하나님이 세상을 위해 그 아들을 선물로 주심은 영원한 생명을 가능하게 하는 것이다.

예수님은 사마리아 여인에게 생명의 물을 주셨다.

예수님은 수많은 군중을 위한 생명의 떡이다.

베드로는 예수님에게 영원한 생명의 말씀이 있음을 깨달았다.

예수님의 오심은 풍성한 삶을 가져온다.

예수님은 죄에서의 구원 그 이상의 것을 약속하셨다. 그것은 생명의 구원이었다.

우리는 예수께서 나사로를 다시 살리신 사건에서 누구든지 예수님 안에서 살고 믿는 자는 결코 죽지 않으리라는 사실을 깨닫게 된다.

예수님은 우리를 새 생명으로 인도하기 위해 세상에 오셨다.

대화

두 사람씩 짝을 지어 예수님이 주시는 생명의 특성에 대해 이야기하라.

■ 성경과 교재(50분)

각자 읽고 연구하고 기록하는 중에 얻게 된 정보를 이용하여 요

한복음의 성격을 찾으라. 즉 요한복음의 강조점과 어조, 특징, 대상자들과 그들의 세계, 저자, 저술 시기 등에 관해 이야기하게 하라. 그 밖에도 요한의 저술에 영향을 준 그리스 사상의 영향 등 필요한 부가적인 정보를 준비하라. 예를 들면 세상은 악하고, 또 완전히 선하셨던 하나님이 악의 세계를 어떻게 할 수 없었다고 생각한 영지주의 사상에 반대되는 요한복음 3:16의 의미에 주의를 기울이는 방법을 들 수 있다.

예수님이 자신을 설명하기 위해 사용한 상징들은 '생명 보존'과 연관되는 것들이다. 두 사람 또는 세 사람씩 짝을 지어 요한복음 1~12장에 나오는 상징들을 찾아내고, 각 상징이 생명을 보존하는 방법들을 기록하게 하라. 전체가 모여 대답을 나누게 하라.

요한복음에 기록된 예수님과 사람들 사이의 대화들을 작은 희곡처럼 읽으라. 한 사람이 요한이 되어 낭독자가 되게 하라. 예수님과 니고데모(3:21)의 대화, 또는 예수님과 마리아·마르다(11:1~53)의 대화는 쉽게 찾을 수 있는 좋은 예들이다. 무덤가에서 신앙을 찾거나 생명을 찾은 사람을 알고 있는가?

죄와 고난의 관계에 대한 질문을 하라. 이 주제에 관해 소그룹 토의와 전체 그룹 토의를 병합하여 효과적으로 진행하라.

■ 휴식(10분)

■ 말씀과의 만남(25분)

성경: 요한복음 10:7~18

본문을 조용히 읽게 하라. 다음 질문을 하라. 예수님 말씀의 핵심은 무엇인가? 오늘날 우리에게 이 성경 구절은 무엇을 말해 주는가? 나 개인을 위한 의미는 무엇인가?

■ 제자의 모습(20분)

그리스도의 제자는 예수 그리스도 안에서 생명을 체험한다.

교재에 있는 질문들은 개인적인 답변을 요구하여 전체 토론이 어려울 수 있다. 하지만 어떤 이들은 자기의 생각을 사람들 앞에서 이야기하는 것을 꺼려하지 않을 것이다. 몇 사람의 대답을 들은 후에 '우리의 모습'을 읽고, 여기서 설명하는 생명과 방금 발표한 각자가 체험한 생명의 공통점과 차이점을 찾아보라.

■ 마침 기도(10분)

23 | 보혜사
Advocate

■ 시작 기도(5분)

■ 이끄는 이야기(20~25분)

준비

칼라스 박사의 글을 들으며, 활동하시는 성령의 다양한 이미지들을 잘 생각하여 보라.

요한복음은 특별히 성령에 관하여 많은 언급을 하는데, 다른 세 복음서에 언급된 것을 모두 합친 것보다도 많다. 한편으로 이것은 놀라운 일이다. 우리는 오히려 사도행전의 저자 누가가 쓴 복음서에서 성령에 대한 강조를 더 기대할 수 있기 때문이다.

이 과는 요한복음 13장에서 시작된다. 그러나 잠시 9장을 들여다보자. 9장은 성령의 특별한 모습을 보여 준다. 날 때부터 눈이 멀었으나 예수님에게 치유를 받은 사람에 관한 이야기다. 이 사람은 성전 고위층이 위협했을 때에도 물러서지 않은 것을 보아 성격이 강한 사람이었던 것 같다. 그들이 예수님을 죄인이라고 단정지어 말했을 때, 고침을 받은 사람은 "그가 죄인인지 내가 알지 못하나 한 가지 아는 것은 내가 소경으로 있다가 지금 보는 그것이니이다."라고 대답하였다. 그것은 경험에 의한 증거요, 감리교회의 전통이 중요하게 여기는 것이다. 작고한 로이 스미스 박사는 "하나님을 경험한 사람은 인간의 논란이 도달할 수 없는 그 무언가를 가지고 있다."고 말했다. 바로 그러한 경험이 성령의 세계다.

이 과는 예수께서 제자들의 발을 씻기시는 이야기에서 시작한다. 이제 곧 세상을 작별할 것을 아신 예수께서는 '그의 참사랑의 폭'을 제자들에게 보여 주시기 원했음을 요한복음 저자는 기록한다. 예수께서는 겉옷을 벗고 종처럼 제자들의 발을 씻기시기 시작하였다. 그리고 "내가 주와 또는 선생이 되어 너희 발을 씻었으니 너희도 서로 발을 씻어 주는 것이 옳으니라(요 13:14)."고 설명하셨다.

우리는 이 교훈을 배우려고 노력하지만 실패할 때가 많다. 오늘과 같이 자기교만에 빠져 있는 시대에 이러한 태도를 배운다는 것은 어려운 일이다. 그러나 우리 시대에 맞든 맞지 않든 그것은 주님의 길이다. 종이 들고 있는 수건은 혀같이 갈라진 불의 모습 못지않게 확실한 성령의 표시라고 할 수 있다. 왜냐하면 우리가 겸손히 또 즐겁게 다른 사람들을 섬긴다는 것은 하나의 기적이기 때문이다.

요한복음 14장은 고린도전서 13장이나 시편 23편, 그리고 91편과 더불어 성경 중에 가장 애용되는 부분이다. 특히 장례식이나 추도예배 때 이 말씀을 자주 듣게 된다.

그러나 우리는 성령에 관한 말씀이 주를 이루는 14장의 후반부를 묵과할 때가 많다. 여기서 성령은 무엇보다도 '보혜사'로 표현되었다. 보혜사란 인도자라는 뜻과 함께 우리 자신을 넘어선 지혜의 근원을 말한다. 이러한 도움은 특별히 예수님의 지혜에 전적으로 의존해 왔고, 이제 그의 도움 없이 살게 될 제자들에게 대단히 중요한 것이었다.

그러자 예수께서는 포도나무와 가지의 비유를 들어 제자들에게 말씀하셨다. 이 이야기는 위에서 이야기하던 것과 전혀 다른 이야기의 삽입이 아니라 보혜사로서의 성령의 역할을 설명하는 것이다. 나 없이 너희는 아무것도 할 수 없다고 예수께서는 말씀하신다. 가지가 나무에 붙어 있어야만 하는 것처럼 우리는 성령을 통해 그리스도에게 연결되어 있어야 한다.

우리에게 맡겨진 사업은 영원한 사업이기에 인간의 힘만으로는 이룰 수가 없다. 오직 성령의 도움이 있을 때 우리는 성령이 목적하시는 바를 이룰 수 있다. 따라서 성령의 도우심이 있을 때에만 하나님이 원하시는 삶을 살 수 있다. 이러한 삶은 인간의 능력을 넘어선 자질을 요구하는데, 그것은 하나님의 영에 의해서만 가능해질 수 있다.

요한복음은 또 성령을 진리의 영이라고 표현한다. 이 말은 우리의 모든 성취가 인간의 재주나 현명한 생각에 의존되는 것이 아니라 진리 자체의 능력에 의존된다는 것을 우리에게 상기시켜 준다.

제자들은 하나님의 영이 그들과 함께 계신 것을 알 필요가 있었다. 왜냐하면 그 밤이 지나기 전에 그들은 예수께서 잡히시고 심문을 받으시고 십자가 처형이 준비된 것을 보았기 때문이었다. 그러나 그들은 예수께서 마지막 순간에 자신들과 함께 드린 기도에서 힘을 얻어 이처럼 위험한 순간들을 맞이하였다. 예수께서는 그 자신을 위해, 제자들을 위해, 믿는 자 모두를 위해 기도하셨다. 이 기도는 지금도 하나님께 응답받고 있는 기도였다.

요한복음이 예수께서는 창조 전부터 하나님과 함께 계셨던 말씀이었다고 함으로써 예수님을 높이 찬양하면서도 동시에 그의 인간적인 면, 즉 십자가에서 "목마르다."고 외치신 모습을 보여 주는 것은 흥미로운 일이다. 요한은 또 아리마대 요셉이 장사지내기 위해 예수님의 시신을 옮겼을 때, 니고데모가 시신에 바를 향료를 제공함으로써 그를 도왔던 사실을 전해 준다. 이것은 니고데모가 새로운 삶을 살게 되었다는 것을 말해 주는 요한의 표현 방식인 것 같다. 그는 그리스도 안에서 중생한 새로운 사람이 되었다.

예수님의 부활 이야기에서 요한은 특별히 막달라 마리아에게 강조점을 둔다. 이 여인은 한때 예수님에 의해 지옥과 같이 어두운 상태에서 구출되었다. 이제 마리아는 죽었던 예수님이 공동묘지에서 자신의 이름을 부르시는 것을 듣고, 새롭고 영광스러운 생명을 붙들고 있는 자기 자신을 발견했다.

그리고 요한은 도마 이야기를 한다. 그가 어떻게 의심하였고, 그의 동료 제자들에게 도전했으며, 부활하신 그리스도의 계시 앞에서 놀라게 되었는지 보여 준다.

"태초에 말씀이 계시니라(요 1:1)."는 극적인 표현으로 시작한 이 복음서는 지금까지 기록한 것이 예수님에 관한 이야기의 작은 부분이었다며 즐거운 끝을 맺는다. 요한복음 기자는 만일 예수님이 행하신 일을 낱낱이 기록한다면 "이 세상이라도 이 기록된 책을 두기에 부족할 줄 아노라(요 21:25)."고 말한다.

이러한 결론에 대해 두 가지 해석이 있을 수 있다. 첫째, 그로부터 2000년 동안 예수님에 관해 쓰인 책들이 이 지구상에 생존했던 어느 누구에 관해서보다 훨씬 많았던 것을 우리는 안다. 둘째, 예수님에 관한 책은 지금도 계속 쓰이고 있다. 종이 위에 잉크로 쓰인 책들만이 아니라 사람들의 마음속에 쓰인 책들을 생각해 보라. 성령의 감동을 받은 사람들은 예수께서 주시는 새롭고 완전한 생명으로 계속 인도되고 있다. 사도 요한의 말은 옳았다. 이 세상은 예수님에 관한 책을 담을 수 있을 만큼 크지 않다. 예수 그리스도의 복음을 담을 수 있는 곳은 영원뿐이다.(Ellsworth Kalas)

요약

요한복음은 성령의 복음서다.

요한은 성령에 관해 다른 세 복음서를 합한 것보다 더 많이 이야기한다.

하나님과의 경험에 대한 증거는 성령의 역사에 대한 증거다.

섬기는 자의 수건은 불의 혀 못지않은 분명한 성령의 증표다.

보혜사로서의 성령은 우리의 인도자이며 지혜의 근원이다.

포도나무와 가지의 비유에서 우리는 성령이 진리의 영이심을 본다.

요한은 예수님을 창조 이전에 하나님과 함께 존재했던 말씀이라고 높인다.

요한은 또 십자가에서 목마르다고 하신 인간 예수님을 우리에게 보여 준다.

대화

우리 생활 속에서, 그리고 이 세계 안에서 활동하시는 성령에 대한 각자의 생각을 표현하게 하라.

■ 성경과 교재(50분)

서너 명씩 짝을 짓고 매일 읽은 성경 말씀을 상기하며 다음 네

가지 질문을 중심으로 토론하라. 예수께서는 보혜사의 역할을 무엇이라고 하셨는가? 예수님이 제자들과 작별할 때 그들에게 약속하신 것은 무엇인가? 그들에게 무엇을 명령하셨는가? 앞으로 있을 일에 대해 어떤 묘사를 하셨는가?

요한복음 18~21장은 예수님의 수난 장면들을 포함한다. 다음 방법을 통해 수난의 메시지를 들을 수 있을 것이다. 첫째, 전체 이야기를 다 읽을 때까지 돌아가면서 읽으라. 둘째, 한 사람이 한 장면씩 이야기하라. 셋째, 이야기에 나오는 인물 중 하나가 되어 그의 입장에서 이야기하라. 성경 자료를 다음과 같이 나눌 수 있다. 요한복음 18:1~11, 12~27, 28~40; 19:1~16, 17~30, 31~42; 20:1~18, 19~31; 21:1~14, 15~25. 활동을 끝내고 나서 느낀 점에 대해 이야기를 주고받으라.

교재에 제시된 '더 알아보기' 내용을 조사한 사람이 있으면 발표하게 하라. 비유를 찾아내는 활동은 특별히 흥미가 있을 것이다.

요한복음 공부를 끝내기 전에 요한복음이 어떻게 공관복음인 마태복음, 마가복음, 누가복음과 구별되는지 알아보라.

■ 휴식(10분)

■ 말씀과의 만남(25분)

성경: 요한복음 13:1~20

전체에게 본문을 조용히 읽게 하라. 다음 질문을 하라. 예수께서 제자들의 발을 씻기시던 장면을 읽으면서 어떤 생각을 했는가? 오늘날 우리 교회를 위하여 이 성경 구절이 주는 교훈은 무엇인가? 나 개인에게는 무엇을 말하는가?

■ 제자의 모습(20분)

그리스도의 제자는 풍성하고 영원한 생명을 마음으로 확신한다.

이 과의 주제와 '우리의 모습', '제자의 모습' 모두가 하나로 연결된다. 다음 질문들을 가지고 그 연관성을 생각해 보라. 우리는 영적 능력의 임재를 어떻게 깨닫게 되는가? 인간의 삶을 능력의 삶으로 만들어 주는 확신은 무엇인가?

개인적인 경험을 이야기하기를 꺼려하는 이들에게는 조심스럽게 대하라.

■ 마침 기도(10분)

24 | 성령의 폭발적인 능력
The Explosive Power of the Spirit

■ **시작 기도**(5분)

■ **이끄는 이야기**(20~25분)

준비

칼라스 박사의 두 가지 강조점에 유의하라. 성령의 역사의 도구가 된 사람들과 그들의 삶에서 역사하신 성령의 능력이 바로 그것이다.

어떤 성경 번역자는, 신약의 사도행전을 번역할 때 마치 자신이 전기가 흐르는 고압 전선을 다루는 전기 기술자처럼 느껴질 때가 종종 있다고 말하였다. 그가 말하는 것은 바로 성령의 놀라운 능력과 그의 임재를 의미한다. 우리는 흔히 사도행전을 제5의 복음서라고 부른다. 우리에게는 마태복음, 마가복음, 누가복음, 요한복음이 있으며, 다섯 번째로 이 성령의 복음서가 있다.

이 메시지를 사도행전의 첫 문장에서 엿볼 수 있는데, 제3복음서의 저자이기도 한 사도행전의 저자 누가는 예수께서 성령을 통하여 제자들에게 계명을 주셨다고 말한다. 또 예수께서 마지막으로 제자들을 떠나시려 할 때, 성령의 능력을 받으라고 부탁하셨다. 성령을 받으면 예수의 증인이 될 수 있다고 하셨다.

사도행전의 등장인물들은 재미있을 정도로 서로 다르다. 베드로는 복음서들에서 보아 알겠지만 성격이 급한 사람이다. 그는 오순절에 사람들 앞에 나서서 말한다. 다른 사람들이 베드로더러 설교를 하라고 하여 나섰는지 아니면 그가 늘 하듯이 자진해서 나섰는지 판단하기는 쉽지 않다. 바나바는 성경에 나오는 아름다운 인물들 중에 한 사람이다. 그는 바울의 그늘에 쉽사리 가려진다. 그러나 바나바의 도움이 없었으면 바울은 그의 소명을 찾지 못했을 것이다. 스데반은 그리스도 신앙을 지키기 위해 첫 순교를 당한 사람이요, 빌립은 전도하기 위해 사마리아로 내려갔다가 에티오피아 정부의 고관을 그리스도에게로 인도하는 데 성공했다. 예수께서는 제자들에게 복음을 가지고 땅 끝까지 가라고 하셨는데, 빌립은 예루살렘을 벗어남으로써 예수님의 명령을 따른 첫 제자가 되었다.

여자들이 지도적인 위치에 설 수 없었던 그 당시, 예수님의 제자들 중에는 여인들도 있었다. 예를 든다면, '선행과 구제하는 일이 심히 많던' 다비다 같은 여제자다. 다비다는 다른 사람을 섬기는 자가 되라고 하신 주님의 부르심에 합당한 자였고, 좋은 본보기가 되었다. 브리스길라는 특별한 능력의 여인이었고, 빌립의 네 딸들은 모두 예언의 능력이 있었다. 자주장사 루디아는 빌립보에서 바울의 전도 활동을 가능하게 해 준 활동적인 여인이었다.

누구보다 중요한 인물은 바울이다. 주관이 세며 영리하고 성격이 과격한 다소 사람 사울은 기독교 역사에 위대한 공헌을 한 존재가 되었다. 그는 기독교의 첫 핍박자였으나 하나님의 은혜로 가장 위대한 선교사가 되었으며, 선구 신학자가 되었다. 그를 사랑하는 사람도 있고, 증오하는 사람도 있겠으나 아무도 그를 무시할 수는 없다. 그의 생각과 반대 의견을 가진 사람도 그와 논쟁하기 위해서는 그가 말하는 것이 무엇인지 알아야 한다. 바울 사상에 대한 다른 사람들의 해석을 가지고 논쟁을 벌여서는 안 된다.

그러나 무엇보다도 사도행전은 성령의 책이다. 하나님의 영이 사도행전의 주인공이다. 책 초반에서 베드로와 요한은 배우지 못한 평민으로 소개되는데, 사실 바울과 아볼로를 제외한 초대교회의 지도자들은 모두 평범한 사람들이었다. 바울 자신도 그의 회중 중에는 권세자나 지혜자가 별로 없었다고 말한다.

그런 상황에서 하나님은 성령을 통해 역사하셨으며, 성령께서는 그 평범한 사람들을 통해 활동하셨다. 오순절 하나님의 영이 예수님을 따르던 120명의 제자들 위에 내리셨을 때, 그들은 전에 알지 못했던 방언을 말하게 되었다. 누가는, 예루살렘을 방문한 각 지방 사람들이, 예수님의 추종자들이 방언으로 말하는 것을 듣고 모두 기이히 여겼다고 기록했다. 이처럼 극적인 현상은 아니더라도 사도행전 전체를 통해 성령의 권능이 활동하는 것을 확인할 수 있다. 초대 기독교인들은 어느 곳을 가든지 그 지방 사람들의 말을 사용했고, 병든 자, 곤한 자, 죄인들, 고독한 자들에게 언제나 인간을 꿰뚫어 보는 통찰력과 능력을 가지고 복음을 증언했다. 예수께서 설교를 하거나 가르치실 때 군중은 그가 권위 있는 자와 같이 말한다고 했다. 그리고 이제 예수님의 추종자들도 똑같은 권위를 가지고 말하는 것 같다. 성령으로 충만한 그들은 인간의 요구를 알고 그들을 치유할 수 있었다.

누가는 사도행전 서두에서 먼저 쓴 글, 즉 누가복음에서 예수님의 행적과 가르치심의 시작을 기록했다고 말한다. 그처럼 누가는 예수님의 지상 목회는 시작에 지나지 않은 것임을 알려 준다. 사도행전은 지중해 연안 전체에서 폭발하는 예수님의 권능을 보여 준다. 예수님의 추종자들이 가는 곳은 예수님이 계신 것이나 다름없었다. 그들 안에는 예수님의 영이 있었고, 그들은 그 영에 사로잡혀 있었다. 그러므로 그들이 가는 곳에는 예수께서 임하셨다.

그리고 분명한 것은 사도행전이 이 구속사의 전부가 아니라는 것이다. 초대교회에서 역사하신 성령의 능력은 오늘날도 하나님의 백성을 통해 역사하고 있다. 성령께서는 교회를 통하여, 당신과 나, 우리 모두를 통하여 역사하신다.(Ellsworth Kalas)

요약

사도행전은 성령의 복음서라고 할 수도 있다.

누가는 사도행전과 누가복음을 썼다.

사도행전에 나오는 인물들은 다음과 같다.

- 베드로: 오순절에 모인 사람들에게 연설을 한 제자
- 바나바: 바울의 전도에 크게 영향을 미친 사람
- 스데반: 그리스도에 대한 신앙을 지키기 위해 첫 번째로 순교 당한 제자
- 빌립: 예루살렘을 벗어나 복음을 전한 첫 제자
- 도르가: 선한 일을 한 사람
- 브리스길라: 능력의 여인
- 루디아: 정열적인 여성 사업가
- 바울: 위대한 선교사요, 신학자
- 하나님의 영: 인도자

초대 기독교인들은 어디를 가든지 그 곳 주민들의 언어를 사용했다. 예수님을 따르는 사람들에게는 예수님의 영이 있었고, 그들은 그 영에 사로잡혔다.

대화

사도행전에 나오는 성령의 역사의 도구가 된 또 다른 사람들을 찾아보고, 그들을 통해 성령이 역사한 방법들을 이야기하라.

■ 성경과 교재(50분)

사도행전을 공부하기 시작할 때부터 사도행전과 누가복음의 관계를 분명히 확립하라. 사도행전에 기록된 사건들이 실제로 발생한 때와 기록된 시기 등을 알아보라. 저자와 초대교회가 후에 그 사건들을 돌이켜보면서 기록한 것임을 기억하라.

이 과의 주제는 능력이다. 성령의 능력을 함께 기술해 보라. 사도행전의 첫 부분을 통해 성령이 개인들과 집단들에게 미치는 영향을 찾아보라. 개인들의 삶이 어떻게 변화되었는가? 그들의 태도에 어떤 영향을 받았는가? 그들은 이러한 능력을 받아 무슨 일을 했는가?

사도행전은 생동적인 인물들로 가득하다. 두 사람씩 짝을 지어 사도행전 첫 부분에 나오는 한 인물을 지정해 주고, 그가 등장하는 사건을 통해 그의 경험을 나누게 하라. 사건들이 전개될 때, 그의 힘과 능력, 흥분과 환희, 그 외의 감정과 반응 같은 것들을 감지하려고 노력하게 하라. 발견한 것에 대해 전체 앞에서 이야기할 시간을 주라.

이스라엘의 역사 전체가 사도행전에서 몇 번이고 부각된다. 유대교 내의 유대인들이요, 유대 역사의 일원이지만 예수님의 메시지와 선교에 헌신하기로 결단한 초대 기독교인들에게 문제가 된 것이 무엇이었는지 찾아보라. 그러한 상태에서 기독교인들과 유대인 동료들 사이에 어떠한 긴장 상태가 조성되었는가?

지도를 준비하거나 각자의 성경책에 있는 지도를 사용해서 기독교 운동이 이방 세계로 들어간 자취를 더듬어 보라. 두 사람씩 짝을 지어 초대 기독교가 유대교에서 벗어나 이방 세계로 침투한 사실을 지적한 성경 구절들을 살펴보고, 그 사건들과 각 인물의 태도에서 걸림돌과 한계가 되는 것들이 무엇인지 찾아보라.

사도행전 앞부분에 나오는 몇 가지 이야기들, 즉 오순절 베드로의 설교, 스데반의 연설, 바울의 회심 등은 전체가 집중적으로 연구할 가치가 있다.

■ 휴식(10분)

■ 말씀과의 만남(25분)

성경: 사도행전 4:32~5:11

본문을 조용히 읽게 하라. 다음 질문을 하라. 이 성경 구절은 하나님에 대해 무엇을 말하는가? 인간에 대해서는 무엇을 말하는가? 하나님과 인간의 관계에 대해서는 무엇을 말하는가?

■ 제자의 모습(20분)

그리스도의 제자는 매일의 삶에서 성령의 임재와 능력을 체험한다.

이 과의 '제자의 모습'과 '우리의 모습'은 성령의 세례를 받음으로 주어지는 능력을 기다리며 기도하는 생활의 중요성을 강조한다. 성령의 능력을 찾고 얻는 방법을 중심으로 토의를 진행하면 좋을 것이다.

■ 마침 기도(10분)

25 | 복음 전파
The Gospel Penetrates the World

■ 시작 기도(5분)

■ 이끄는 이야기(20~25분)

준비

초대 기독교인들이 세상으로 나아가라고 하신 예수님의 말씀을 어떻게 이행했으며, 세상을 어떻게 이해했는지에 대해 특별한 주의를 기울이라.

초대 기독교인들은 거의 불가능한 과업 앞에 놓여 있었다. 주님은 복음을 들고 땅 끝까지 가라고 그들에게 부탁하셨다. 이들 대부분은 자기가 살고 있는 동네를 넘어 본 적이 없는 사람들이었다. 전혀 알지도 못하는 바깥세상으로 나간다는 것은 그들에게 두렵기까지 한 일이었다. 이들은 결코 큰 기업체 사장이 국제 관계의 대표로 채용할 수 있는 성격의 사람들이 아니었다.

또 그들이 전해야 할 메시지도 쉬운 것이 아니었다. 그들의 희망이 최근 죄인으로 십자가 처형을 당한 유대의 떠돌이 선생 예수님 안에 있음을 믿으라고 세상을 향해 외쳐야 했다. 그나마 그들에게 힘이 되는 기쁜 소식은 그가 하나님의 권능으로 죽음에서 다시 살아났으며 죽음의 권세를 영원히 깨뜨렸다는 것이었다. 그러나 누가 그것을 믿겠는가?

그러나 그들은 명령대로 땅 끝까지 나아갔으며, 한 세대가 지나기도 전에 그들을 반대하는 적들은 그들이 세상을 뒤엎어 놓는다고 야단을 하게 되었다. 사실 그들은 세상을 뒤집어엎어 놓은 것이 아니라 세상을 바로 놓고 있었던 것이다.

그러나 처음에 그들은 복음을 들고 밖으로 나가려고 하지 않았다. 그 대신 긴밀한 관계를 이룰 수 있는 예루살렘에 안주하려고 했다. 그러나 박해가 시작되면서 많은 이들이 예루살렘을 떠나지 않을 수 없게 되었다. 그렇게 해서 그들은 어느 곳에 가든지 복음을 전파했다.

여기에 놀라운 하나님의 섭리가 있다. 예수님의 추종자들을 박해하는 데 큰 역할을 담당하여 예루살렘을 떠나게 했던 사람이 바로 다소의 바울이었는데, 나중에 그가 바울 사도가 된 것이다. 이렇게 본다면 바울은 자신이 선교사로서 나가기 전에 다른 선교사들을 이방에 보냈다고 할 수 있다.

이방 선교에서 그들은 일종의 전략을 사용했다. 이러한 전략은 어떤 위원회에서 결정한 것이 아니고 아마 바울의 머리에서 나왔거나 아니면 상식적인 판단에서 나온 것에 지나지 않았을 것이다. 어쨌든 그들은 우선 큰 도시들을 찾아갔다. 예를 들면 아덴, 고린도, 빌립보, 베뢰아, 데살로니가, 로마와 같은 도시들이다. 이처럼 큰 도시에서 개종된 기독교인들은 주변의 작은 마을이나 시골로 퍼져 나가게 되었다. 이 계획이 성공한 것은 큰 도시마다 유대인들이 있었기 때문이다. 적어도 한 세대 동안은 기독교 선교사들이 유대교 회당에서 그들의 선교 활동을 시작할 수 있었다.

이들에 대한 반대 세력은 믿을 수 없을 정도로 컸다. 기독교는 수많은 신들과 철학 사상이 존재하고 있던 문화 속에서 하나의 종교에 지나지 않았다. 이처럼 경쟁이 심한 상황에서 어떻게 그들이 복음을 전할 수 있었는지 의아하다. 초창기에 그들은 유대교의 한 종파처럼 인식되었다. 다수 중의 소수였다. 그러나 그들의 다른 점이 드러나고 세력이 커지면서 온갖 핍박이 생기게 되었다. 개종자들이 속출하였고, 이들의 생활에 큰 변화가 일어나는 것을 사람들은 볼 수 있었다.

예수께서는 추종자들에게 세상 끝까지 가라고 부탁하셨다. 사도행전과 에베소서를 읽으면서 우리는 예수님의 추종자들이 '세계'라는 용어를 새롭고 더 광범위한 뜻으로 사용했음을 알게 된다. 그것은 권력과 편견의 세계요, 증오와 원한과 분열의 세계였다. 다양한 이념과 문화의 세계였으며, 특별히 지적 논쟁과 영적 충돌의 세계였다.

사도들은 하나님께서 때를 이루시기 위한 계획을 가지고 계시다고 말했다. 그리스도 안에서 하늘의 것과 땅의 모든 것을 연합시키는 웅장한 계획이다. 반대자들은 기독교인들이 세상을 뒤엎어 놓는다고 비난했다. 그러나 바울 사도는 "세상이라니? 그것은 시작에 불과하다. 우리는 전 우주를 가지고, 또 세기의 문제들을 가지고 씨름하고 있다."고 대답하는 것 같다.

다른 말로 하면, 초대 기독교인들은 나사렛 예수님을 단순히 선생과 주로 본 것이 아니라 하나님으로부터 파송을 받은 세계의 변혁자로 보았다. 그들의 관찰대로 우리의 우주도 뒤죽박죽이 되어 있다. 유대인과 이방인, 종과 자유자, 남자와 여자, 부자와 가난한 자 사이의 벽들이 이를 분명히 보여 준다.

그러나 이러한 지상의 적들과의 분열은 죄 때문에 찢어진 우주의 반영일 뿐이다. 그리고 그들은 이러한 단절에 대한 하나님의 영원한 대답으로 예수님을 주신 것이라고 믿었다. 또 언젠가 하나님이 그 안에서 모든 것을 연합시킬 것이라고 말했다. 그리고 그들은 이를 위해 자신의 생명까지 바칠 준비가 되어 있었다.

이것이 곧 그들이 행한 것이다. 바울은 곳곳에서 그가 지불했어야 할 대가를 말해 주는데, 파선, 돌매질, 구타, 감금 등을 말한다. 그러나 그의 고통의 열거는 오히려 영광의 교독문이 된다. 전승에 따르면, 오직 요한만 제외하고 모든 사도가 처참한 죽음을 맞이했다고 한다. 바울이 왕 앞에 서서 "당신뿐만 아니라 오늘 내 말을 듣는 모든 사람도 다 이렇게 결박된 것 외에는 나와 같이 되기를 하나님께 원하나이다(행 26:29)."라고 말할 수 있었던 것은 그러한 위대한 생이 있었기 때문이다. 이런 의미에서 바울은 정복자였고, 그것을 자신도 알고 있었다.

우리가 살고 있는 21세기는 1세기의 상황과는 다르다. 우리는 자동차나 비행기로 여행을 하지만 바울은 걷거나 배를 타고 다녔다. 우리는 녹음기나 컴퓨터를 사용하지만 그 당시 바울은 자신의 말을 원시적인 종이에 원시적인 잉크로 받아쓰게 했다. 우리는 라디오나 텔레비전을 통해 복음을 전파하지만 바울은 데살로니가의 길모퉁이에 서서 설교했다.

그러나 전하려는 생각과 문제는 예나 지금이나 동일하다. 우리는 하나님의 뜻을 이 그릇된 우주에 전달하려고 한다. 그리고 이 세상 최상의, 그리고 유일한 소망 – 신약성경의 용어를 빌린다면 "피조물의 고대하는 바(롬 8:19)" – 은 예수 그리스도 안에 있다고 믿는다. 이러한 확신 속에서 우리는 사도행전에서 시작된 것이 계속되도록 바라고 노력한다.(Ellsworth Kalas)

요약

1세기 기독교인들의 과업은 무거운 것이었다.

• 대부분의 사람들은 자기가 사는 지역 밖에는 나가 본 일이 없었다.

• 그들이 전하려 한 메시지는 믿기가 어려웠다.

바울의 핍박 때문에 그들은 예루살렘을 떠나야 했는데, 그로 말미암아 복음이 세상에 퍼지게 되었다.

초대 기독교인들은 먼저 주요 도시들을 찾아갔는데, 그것은 유대인들이 각 주요 도시에 있었기 때문이다.

기독교 선교사들은 일반적으로 유대인들의 회당에서 전도하기 시작했다.

에베소서는 '세상'을 더욱 폭넓은 시각으로 보게 해 준다.

• 권력과 편견의 세상
• 증오와 분열의 세상
• 다양한 사상과 문화 체제의 세상
• 지적 논쟁과 심오한 영적 혼란의 세상

지상의 원수와의 분열을 죄악으로 찢겨진 우주의 반영으로 본다.

대화

다음 질문을 가지고 토의하라. 에베소서의 관점에서 이 세상을 볼 때 어떤 새로운 통찰이 생기는가?

■ 성경과 교재(50분)

바울의 2차, 3차 전도 여행의 기사가 사도행전 15:36~18:23과 18:24~21:14에 있다. 성경을 읽으면서 이 두 전도 여행을 추적해 보라. 여행하면서 머물렀던 곳, 그 곳에서 일어난 사건들, 바울이 어느 특정한 장소에 머물렀던 목적과 방문 결과, 그리고 그 여행 자체에 특히 주목하라.

사도행전 21:15~28:31에 기록된 사건들의 성격과 순서가 퍽 복잡하다. 이를 분명히 알기 위해 다음 질문을 사용하라. 어떤 사건들이었는가? 어떤 순서로 진행되었는가? 그 사건들과 관련된 문제들은 무엇이었는가? 이는 복음 전파에 어떤 영향을 끼쳤는가?

바울은 사도행전 후반부의 중심 인물이다. 주중에 각자 읽고 연구한 것과 함께 모여 토의한 것들을 가지고 바울을 묘사해 보라. 인간 바울, 유대인 바울, 선교사 바울, 바울의 선교 동기와 메시지 등에 관해 설명하라. 그런 후에 두세 사람씩 짝을 지어 다음 질문을 중심으로 토의하라. 어떤 점에서 바울은 그리스도의 제자인 우리의 모범이 되는가?

■ 휴식(10분)

■ 말씀과의 만남(25분)

성경: 사도행전 17:16~34

한 사람에게 본문을 큰소리로 읽게 하라. 다음 질문을 하라. 이 성경 구절에 전에 듣지 못했던 내용이 있는가? 바울이 아덴을 방문했을 때 어떤 일이 일어났는가? 아덴 사람들에게 바울은 무엇을 말하려고 했는가? 현대인들에게 주는 교훈은 무엇인가?

■ 제자의 모습(20분)

그리스도의 제자는 열방을 예수 그리스도에게로 이끌기 위해 증인이 된다.

'우리의 모습'의 내용이 각자의 경험에 비추어 설득력이 있는지에 대해 이야기하라. 우리는 다른 사람들에게 예수 그리스도를 증언하기를 꺼리는데, 어떻게 이것을 극복할 수 있는가? '제자의 모습'에 각자 쓴 것을 가지고 이야기를 나누라.

■ 지도자에게

다른 교파 예배에 참석하여 경험한 것을 서로 나눌 수 있게 계획을 세우는 것도 좋다.

■ 마침 기도(10분)

26 | 믿음으로 이루어지는 올바른 관계
Put Right With God Through Faith

■ **시작 기도(5분)**

■ **이끄는 이야기(20~25분)**

20세기가 가져온 변화는 정말 놀랍다. 분명히 20세기는 인류 문명의 새로운 시대를 열어 놓았다. 우리는 항공 기술의 발전으로 우주여행이 실제로 가능하게 된 것을 보았다. 컴퓨터는 생활의 가속화를 가져왔으며, 인공위성 중계 장치는 눈 깜짝할 사이에 동서 간의 통신을 가능하게 만들었다. 농업 기술의 발달은 더욱 많은 양의 농작물 수확을 가져왔다. 하지만 인간의 이러한 놀라운 성취에도 불구하고 정치적, 경제적 욕심으로 많은 사람들이 계속 굶어 죽는다. 또 많은 기계 문명이 파괴적인 목적을 위해 사용된다.

그 놀라운 통신망을 손에 쥐고 있어도 우리는 여전히 마음과 마음 간의 의사소통 방법을 배워야 한다. 우리는 영원히 우리 자신의 죄와 약함의 피해자들처럼 보이지 않는가? 모든 선한 행위에도 불구하고 우리는 하나님 앞에서 의롭다고 간주될 만큼 선하지 못하다.

바울은 로마에 있는 교회에서도 똑같은 점을 발견했다. 그는 로마서에서 인간의 약함과 그 결과에 대해 말했다. 또한 율법에 무조건 복종한다고 구원을 얻을 수 없음을 역설하며, 우리가 일찍이 듣지 못했던 위대한 희망의 메시지를 전했다. "그러므로 우리가 믿음으로 의롭다 하심을 받았으니 우리 주 예수 그리스도로 말미암아 하나님과 화평을 누리자(롬 5:1)." 우리는 믿음으로 의롭다 칭함을 받게 되었다. 이것은 우리의 공적으로 되는 것이 아니고 예수 그리스도를 믿는 믿음으로 되는 것이다. 바울에 따르면 우리가 의롭게 되는 것은 하나님과 교통하는 생활, 온전한 생활, 본래 의도된 대로의 생활을 하는 것이다. 그것은 하나님의 선물이다. 그러므로 칭의는 하나님의 용서요, 속죄다.

물론 칭의란 우리가 용서를 받았으니 죄가 없다고 선언된 것을 의미하지는 않는다. 그것은 존 웨슬리의 성화의 개념에서 설명될 수 있다. "성화는 어떤 의미에서 칭의의 직접적인 결과일 수 있으나 그럼에도 불구하고 그것은 하나님의 특별한 은사요, 전혀 다른 성격의 것이다. 즉 칭의는 하나님께서 우리를 위해 그의 아들을 통해 하신 것을 말하며, 성화는 하나님께서 성령에 의해 우리 안에서 역사하시는 것을 말한다."

그러므로 칭의는 성화가 아니다. 그리고 칭의나 성화는 단순한 무죄 석방이 아니다. 우리가 의롭지 못한데 의로워졌다고 말하는 것이 아니다. 의롭다 칭함을 받는다는 것은 우리가 예수 그리스도를 믿음으로 용서를 받고 의롭다 인정된다는 하나님의 놀라운 선언을 받아들이는 것이다.

바울의 믿음을 통한 칭의를 중요시한 것은 웨슬리만이 아니었

다. 마틴 루터도 일찍이 동일한 경험을 했다. 수도사인 루터는 믿음을 실천함으로써 구원을 얻는다는 생각에 온갖 노력을 다했다. 그러나 그가 구원의 은사를 이해하게 된 것은 "믿음으로 의롭다 하심을 얻은 자만이 살리라."는 말씀을 새로운 의미로 읽게 됨으로써였다. 그 후 루터는 지금까지 그처럼 애타게 추구하던 평화를 하나님께서 주시는 선물로 받아들일 수 있게 되었다. 존 웨슬리의 마음이 뜨거워졌던 날 밤에 그가 들었던 것은 루터가 쓴 로마서 서론이었다는 것을 우리는 모두 기억한다. 웨슬리에게 구원은 칭의에서 성화로 움직이는 하나의 과정이다. 그는 이것을 완전에 이르는 길이라고 불렀다. 이 과정에서 중요한 것은 갱신의 경험이다. 웨슬리는 우리가 믿음으로 의롭다 칭함을 받았으나 성화를 향한 성장을 보여 주는 삶을 살도록 부름을 받았다고 믿었다. 그에 따르면 이 과정은 우리 안에서 역사하시는 하나님의 영의 활동이다. 만약 죄를 짓지 않도록 지켜 주는 능력을 우리가 가지고 있지 않다면 죄의 용서는 소용 없는 일이 된다. 우리에게는 신생, 새 마음, 새 영이 필요하다. 바울이 "그러므로 형제들아, 우리가 빚진 자로되 육신에게 져서 육신대로 살 것이 아니니라. 너희가 육신대로 살면 반드시 죽을 것이로되 영으로써 몸의 행실을 죽이면 살리니 무릇 하나님의 영으로 인도함을 받는 사람은 곧 하나님의 아들(자녀)이라(롬 8:12~14)."고 기록했을 때 그는 이것을 알고 있었던 것이다.

그러므로 우리는 하나님의 아들에 의해 의롭다 칭함을 받고, 하나님의 영에 의해 온전함과 성화에 이르게 된다.

이 중요한 책을 연구할 때 하나님의 영이 우리 안에서 어떻게 살아 계신지 살펴보기 바란다. 하나님의 영은 우리를 하나님의 자녀로서, 예수 그리스도의 제자로서 우리 자신의 독특한 온전성에 도달하게 도와주신다.(Mary Lou Santillán Baert)

준비

글을 듣기 전에 다음 네 개의 용어를 종이에 적으라. 칭의(Justification), 성화(Sanctification), 중생(Regeneration), 완전(Perfection). 발트 목사는 각각의 용어에 대해 어떻게 설명하는지 잘 들으며 메모하라.

요약

바울은 로마서에서 인간이 율법 순종으로는 구원을 얻지 못한다고 역설했다.

칭의는 하나님께서 주시는 용서, 즉 죄의 사유하심이다.

칭의는 한 번 용서받으면 죄가 없다는 선언을 의미하지 않는다. 존 웨슬리에 따르면 그것은 성화다.

칭의는 예수 그리스도를 통해 우리에게 주어진다. 성화는 성령을 통해 주어진다.

완전은 칭의에서 성화로 옮겨져 가는 과정이다.

사람이 죄에서 떠나 능력을 얻으려면 거듭남이 필요하다.

하나님의 아들에 의해 우리는 의롭게 되었고, 하나님의 영에 의해 온전하게 되고 성화된다.

대화

인간이 어떻게 칭의와 성화를 경험하는지를 중심으로 대화를 하라. 기독교 용어 사전이 있으면 이 낱말들의 정의를 읽고, 이에 대한 이해와 토의에 도움을 받으라.

■ 성경과 교재(50분)

한 주간 동안 읽고 연구한 것을 가지고 로마서의 배경, 저작 시기, 저술 목적 등을 설명하라. 로마서의 신학적 개념들의 목록을 공동으로 작성하라. 이 과정을 위해 성경 사전을 참고로 성경을 자세히 연구하고 용어들과 구절들을 찾아보아야 할 것이다.

이스라엘 재건 문제를 중심으로 진지한 토의를 하게 될 것이다. 토의를 시작하기 전에 로마서 9~11장을 크게 읽으라. 다시 처음으로 돌아가 한 번에 한 장씩 다시 보라. 내용에 대한 해설이나 질문을 중심으로 이야기를 나누라. 이러한 방법으로 세 장을 끝낸 뒤에 교재에 있는 이스라엘의 회복에 관한 부분을 읽으라. 여기서 포착해야 할 가장 중요한 가르침은 '감람나무'에 접붙임을 받은 '돌감람나무' 로서의 우리(이방인 기독교인)의 역할이다.

루터와 웨슬리에 대해 추가 연구한 사람이 있으면 그들이 로마서에서 어떤 영향을 받았는지 들어보라.

■ 휴식(10분)

■ 말씀과의 만남(25분)

성경: 로마서 4:13~5:5

한 사람에게 4:13~22를 읽게 하고, 다른 사람에게 4:23~5:5를 읽게 하라. 이 성경 구절은 하나님에 대해 무엇을 말하는가? 인간에 대해 무엇을 말하는가? 하나님과 인간의 관계에 대해 무엇을 말하는가?

■ 제자의 모습(20분)

그리스도의 제자는 그리스도 안에 나타난 하나님의 용서의 사랑을 신뢰하고 받아들이며 사랑과 감사로 그분을 섬긴다.

'제자의 모습'과 '우리의 모습'을 연결 짓는 실마리가 될 수 있는 것은 다음과 같다. 자유하기 위해 노예가 되려는 의지, 사랑과 감사로 봉사함, 수락과 신뢰, 하나님의 소유물. 이러한 것들이 어떻게, 어떤 의미에서 인간 문제의 해결책이 되는지에 관해 서로 이야기하라.

■ 지도자에게

바울 서신 연구를 시작할 때, 바울 서신의 구조에 특히 주목하라. 다음 몇 주간 동안 이것을 연구하고, 29과를 공부한 다음에 다시 이 과로 돌아올 것을 예고하라.

■ 마침 기도(10분)

27 격동 속에 처한 교회
A Congregation in Fermen

■ 시작 기도(5분)

■ 이끄는 이야기(20~25분)

준비

다음 질문들을 생각하면서 허친슨 박사의 글을 들으라. 바울은 왜 고린도서를 썼는가? 고린도 교인들을 위한 바울의 메시지는 무엇인가?

오늘날의 교회가 직면하고 있는 문제들을 초대교회에서도 찾아볼 수 있다. 그래서 고린도교회에 보낸 바울의 서신은 우리에게 좋은 본이 된다.

고린도는 고대 그리스 도시로서 바울 시대에는 상업, 체육, 문화, 종교, 건축 등 다양한 문화의 중심지가 되었다. 그러나 이러한 입지 조건 속에서 고린도교회는 부도덕과 불경과 불화와 파벌과 지도자간의 충돌 등으로 어려움을 당하였다.

고린도전후서는 초대 기독교의 유아 시절에 그리스도의 몸으로서 성숙해 가는 과정에 있던 고린도 교인들의 몸부림을 보여 준다. 불행하게도 우리가 교회생활을 하는 중에서 유아기 문제들에 직면하지만, 이 과에서 의도하는 것은 그리스도의 몸으로서 어떻게 성숙해질 수 있느냐에 중점이 있다. 여기에 고린도전후서의 가치가 있다.

고린도라는 도시 자체를 먼저 살펴보자. 사도행전 18장에 사도 바울의 첫 번째 고린도 방문 기사가 나온다. 바울은 60마일(약 96km)이나 떨어진 아덴에서 지협을 거쳐 고린도에 도착한다. 오늘날 고린도에 가면 고대 로마의 유적들을 볼 수 있는데 그것은 100년 전에 파괴되었던 이 도시가 기원전 46년에 율리우스 카이사르에 의해 완전히 재건되었기 때문이다. 고린도는 그리스 남단 지역인 아가야 지방의 수도였다. 지협에 위치하고 있기에 고린도는 항상 여행자들로 붐볐다. 로마와 예루살렘의 거의 중간 지점에 있었다. 또한 항구로서 배들이 입항했는데, 서쪽으로 몇 마일 떨어진 곳에 화물과 여행자를 내려놓았다. 그들은 10마일(약 16km) 정도 육지로 걸어가면 겐그레아에서 동쪽으로 가는 배를 탈 수 있었다.

왜 바울은 고린도 교인들에게 이 편지를 쓰게 되었는가? 바울은 고린도에 보내는 편지를 적어도 네 편, 아니면 그 이상 썼을 것이다. 첫 번째 편지를 쓴 것은 바울이 에베소에 있을 때였는데, 그는 고린도 교인들의 생활 속에 고린도의 퇴폐 문화가 침투해 들어온다는 소식을 들었다. 특히 그들의 부도덕한 생활과 우상 제물에 관한 일과 자유의 남용 등이 큰 관심거리가 되었다. 바울은 이러한 문제들에 대해 고린도 교인들에게 권면하기 위해 그들에게 편지를 썼다. 그러자 고린도 교인들은 에베소에 있는 바울에게 회신을 보내면서 그의 지도를 기대했다. 편지를 받고 바울은 그들에게 다시 편지를 보냈는데, 그것이 바로 우리가 가지고 있는 고린도전서다. 고린도전서는 권면의 편지다. 기원후 55년경 바울은 다시 고린도교회에 관한 좋지 않은 소문을 들었는데, 이번에는 소위 그리스도파라고 자칭하는 자들이 바울의 영적 권위를 해치고 있다는 것이었다. 이 소문을 들은 바울은 너무나 괴로워서 고린도에 가기로 계획을 세웠고, 아마 잠깐 고린도를 방문했던 것 같다. 그러나 그가 하고 싶은 말을 구두로 다 못했기 때문에 서신을 다시 썼는데, 그것이 바로 고린도후서 10~13장의 내용이다. 그 후 바울은 고린도 지역을 향해 또 다시 여행을 하기 시작했는데 가는 길에 디도에게서 고린도교회에서 화해가 이루어졌으며, 바울의 영적 권위가 회복되고, 그의 고린도 방문을 환영한다는 기쁜 소식을 들었다. 이 소식을 들은 바울은 칭찬과 감사를 표현하고 또 권면을 하기 위해 다시 편지를 썼는데, 아마 그것이 고린도후서 1~9장인 것 같다.

바울은 고린도전후서에서 무엇을 전하려고 했는가? 열쇠가 되는 두 구절을 찾아보자. 첫 번째 구절은 고린도전서 1:10인데, 여기서 바울은 분쟁을 피하고 합하라고 강하게 권면한다. 두 번째 구절은 고린도후서 8:10~11인데, 특히 "너희가 일 년 전에 행하기를 먼저 시작할 뿐 아니라 원하기도 하였은즉 이제는 하던 일을 성취할지니 마음에 원하던 것과 같이 완성하되 있는 대로 하라."고 한 말에 유의하라.

자, 이제 좀 더 자세히 검토해 보자. 고린도전서에서 바울은 하나가 되게 하는 요소에 관해 말한다. 특히 십자가의 도와 하나님이 우리 각자에게 주신 성품에 대해 이야기한다. 그는 또 분쟁의 요인이 되는 것으로 율법 논쟁, 자유 남용, 전통 경시 등을 예로 든다. 바울은 참된 기독교인의 생활을 강조하면서 구체적으로 남녀간의 관계, 자유와 자유의 남용, 우리 생활에서 중요시되어야 할 것 등을 검토한다. 그러고 나서 화합을 가져오는 요소 세 가지에 대해 말한다. 첫째는 성령의 역사요, 둘째는 사랑의 도(고린도전서 13장)요, 셋째는 말의 사용이다.

고린도후서에서 바울은 자신의 소명을 분명히 함으로써 그의 사명을 규정하고 고린도 교인들에게 그것을 결부시킨다. 또한 그 밖의 여러 가지 난처한 문제들을 다루는데, 그러한 문제들을 넘어서서 마음을 열고, 화해하고, 구제하도록 그들을 인도하려고 노력한다. 그리고 고린도교회와 관련된 자신의 의도를 표현하고, 이 특별한 집단을 위해 그가 개인적으로 염려하는 바를 알린다.

바울은 고린도 교인들을 위한 이러한 권면들을 통해 무엇을 성취하려고 했는가? 고린도후서 3:3을 찾아보자. "너희는 우리로 말미암아 나타난 그리스도의 편지니." 바울은 그 자신을 하나님의 우편배달부로서 교회를 하나님이 원하시는 목적과 목표지까지 배달할 책임을 지고 있다고 말한다. 아니면 자신이 하나님의 조산부로, 교회를 어두움과 고통과 산고에서 구원하여 성령의 빛과 생명으로 인도해 줄 책임이 있다고 말한다. 이 옛날 아일랜드 찬송가는 고린도교회와 또 우리 교회가 드리도록 바울이 원하는 기도문이다.

"내 맘의 주여 소망 되소서
주 없이 모든 일 헛되어라
밤이나 낮이나 주님 생각
잘 때나 깰 때 함께하소서."(484장, 구 533장)
(Orion N. Hutchinson, Jr.)

요약

고린도전후서는 초대 기독교의 유아기에 그 뿌리를 둔다.

고린도전후서에 나타난 바울의 의도는 그리스도의 몸의 성장을 돕는 것이었다.

바울은 네 편의 고린도 서신을 썼다. 첫째는 소실된 부분(또는 고린도후서 6:14~7:1), 둘째는 고린도전서, 셋째는 고린도후서 10~13장, 넷째는 고린도후서 1~9장이다.

고린도전서의 메시지는 다음과 같다.

• 십자가의 길과 하나님이 주신 우리의 신분은 일치한다.
• 법적 분쟁, 자유 남용, 전통 무시 등은 불화의 원인이 된다.
• 책임 있는 기독교인의 생활은 남자와 여자의 관계, 자유와 자유의 남용, 삶의 우선순위 등과 관계가 있다.
• 성령의 역사, 사랑의 실천, 말씀의 사용은 일치를 가능하게 한다.

고린도후서의 메시지는 다음과 같다.

• 바울은 자신의 선교를 분명히 하고, 소명을 분석하고, 그것을 고린도 교인들과 관련시킨다.
• 바울은 고린도 교인들에게 그들 안의 문제들을 초월하여 마음을 열고 화해하며 자비를 베풀라고 권면한다.

바울이 고린도 교인들에게 이렇게 권면한 것은 교회를 향한 하나님의 목적을 전달하려는 것이다.

대화

고린도전후서를 쓴 바울의 목적과 그 안에 담긴 메시지를 요약 정리할 자원자를 찾으라.

■ 성경과 교재(50분)

고린도라는 도시에 관해 조사한 사람이 있으면 먼저 그것을 들으라.

고린도 서신들이 1세기 개교회가 당면했던 문제들에 관한 것일지라도 그 안에서 오늘날 교회에서 일어나는 비슷한 문제들을 찾아낼 수 있을 것이다. 구체적인 예를 제시하게 하라. 바울이 고린도 교인들에게 한 권면이 어떤 면에서 현대 교인들에게도 좋은 조언이 되는가?

우리는 고린도 서신에서 세 가지 주요 그림을 발견할 수 있는데, 바울의 그림, 복음 메시지의 그림, 1세기 개교회의 그림이 그것이다. 각 그림에는 무엇이 있는가? 이 질문에 대답하기 위해 세 소그룹을 만들고, 각각 세 가지 그림 중 하나씩 만들게 하라. 말이나 행동이나 그림이나 음악이나 그 밖의 다른 형태로 표현할 수 있을 것이다.

이 과의 주제는 '사랑'이다. 왜 이 말이 고린도교회와 현대의 개교회에게 그토록 중요한가?

고린도전서 13장과 15장은 모든 기독교인의 귀에 익은 말씀인데, 이 성경 구절을 읽을 때마다 우리는 큰 감동을 받는다. 교독문 형식으로 크게 소리 내어 읽거나 한 사람이 크게 읽고 다른 사람들은 듣게 한다. 다음 질문을 해 보라. 이 말씀에서 무엇을 들었는가? 무엇을 생각했는가? 무엇을 느꼈는가?

■ 휴식(10분)

■ 말씀과의 만남(25분)

성경: 고린도전서 12:31~14:1
본문을 자기만의 말로 의역해서 다시 써 보게 하라.

■ 제자의 모습(20분)

그리스도의 제자는 서로 사랑한다.

사랑은 이 과의 주제인 동시에 이 과의 '제자의 모습'이기도 하다. 사랑의 실천이 '우리의 모습'과 어떻게 연관되는가? '제자의 모습'에 있는 질문들 중에 어느 것이 공개 토의에 적당한지를 결정하라. 지금쯤이면 서로에 대한 신뢰도가 높아져 개인적인 질문일지라도 터놓고 이야기할 수 있을 것이다.

■ 마침 기도(10분)

28 | 우리를 자유하게 하시는 아들
The Son Shall Set Us Free

■ 시작 기도(5분)

■ 이끄는 이야기(20~25분)

준비

갤러웨이 박사의 글은 은혜의 필요성과 구원을 위한 우리 노력의 부당성에 초점을 둔다. '은혜'와 '자유'와 '그리스도 안에서' 등의 용어에 주의를 기울이라.

윌리엄 바클레이는 갈라디아서 강해 서론에서 이러한 결론을 내렸다. "이 서신에서 바울이 제시하고 있는 대주제는 하나님의 은혜의 영광이요, 우리의 업적으로 우리 자신을 구원할 수 없음을 깨닫고 우리는 오로지 전적인 믿음 가운데서 하나님의 은혜에 복종하는 길밖에 없음을 알 필요가 있다는 것이다."

갈라디아에 있는 초대 유대계 기독교인들이 예수 그리스도의 제자가 되기 위해 먼저 유대교 율법, 특히 할례법을 지켜야 한다고 주장했을 때 그들은 하나님의 은혜를 이해하지 못했던 것이 분명하다. 오늘날도 마찬가지다. 복음은 주로 인간의 노력이나 선을 행함으로 세상을 변화시키는 일에 관련된다고 믿는 현대 기독교인들은 하나님의 은혜를 바로 이해하지 못하고 있는 것이다.

바울은 고대 율법의 의미와 목적을 재규정했고, 동시에 예수님을 통해 하나님의 은혜를 이해할 수 있는 아름다운 청사진을 제공했다. 일상생활 속에서 하나님의 사랑을 보여 주는 삶을 살도록 모든 기독교인을 부르고 있는 것은 은혜다. 갈라디아 교인들을 향한 바울의 엄한 교훈을 그들(그리고 우리) 자신의 인간적 욕망이나 감정이 인도해서는 안 되며 어디까지나 그리스도가 인도해야 함을 강조했다.

갈라디아서에서 '자유'라는 낱말은 우리의 삶 속에서 역사하시는 그리스도에 대한 제자로서의 응답을 바울이 어떻게 이해했는지를 아는 데 핵심이 된다. 우리는 어떻게 자유한 사람이 될 수 있는가? 율법에 의해서인가, 은혜에 의해서인가?

바울이 외치는 자유를 받아들이고 이해하기 위해 우리는 '그리스도 안에서'라는 바울의 표현이 의미하는 것이 무엇인지 이해해야 한다. 바울은 '그리스도 안에서' 갖는 믿음, '그리스도 안에서' 갖는 자유, '그리스도 안에서' 갖는 아브라함의 약속과 축복, '그리스도 안에서' 아브라함의 자손 모두에게 약속된 기업 등에 관해 여러 번 언급한다.

우리는 '그리스도 안에서' 자유인이 된다. 그것은 우리가 그리스도 안에서 기독교 가족의 아들과 딸로서 받아들여지고, 진정으로 하나님을 사랑하는 아버지라 부를 수 있다는 뜻이다. 우리는 오로지 '그리스도 안에서' 하나님의 뜻대로 살 수 있는 힘을 얻게 된다. 갈라디아서의 메시지를 이해하려면 그리스도 안에서 산다는 것이 무엇을 의미하는지 이해해야 한다.

요한복음 8:32에서 우리는 자유에 대한 예수님의 말씀을 읽는다. "진리를 알지니 진리가 너희를 자유롭게 하리라."

바울에게서 그리스도의 말씀 안에 산다는 것은 우리와 하나님의 바른 관계는 우리 자신이 아니라 그리스도를 신뢰하는 믿음을 통해 온다는 분명한 이해를 가지고 '그리스도 안에서' 사는 것을 뜻한다.

우리는 도덕법이나 하나님의 율법에 복종하는 것만으로 하나님의 인정을 얻을 수 없다. 하나님은 우리가 그와 바른 관계를 맺도록 그리스도 안에서 역사하셨다. 그리스도는 완성된 율법이다. 간단히 말한다면 우리는 율법 안에서 의로워지고 구원을 발견하는 것이 아니라 그리스도 안에서 믿음을 통해 의로워지고 구원을 발견하게 된다는 것이다. 그러한 관계를 계속 발전시킬 수 있는 것은 우리 속에 살아 계신 그리스도의 영을 통해서 이루어진다. 그리스도의 영이 하시는 일은 우리의 성화이며, 웨슬리의 용어를 빌리면 '은혜 속에서의 성장'이다.

갈라디아서에서 바울이 가르치는 것은 분명하다. 즉 칭의와 구원과 성화는 모두 은혜요, 그리스도 안에서 믿음을 통해 하나님이 주시는 선물이라는 것이다.

바울은 그것을 갈라디아서 2:20에서 이렇게 표현한다. "이제는 내가 사는 것이 아니요 오직 내 안에 그리스도께서 사시는 것이라. 이제 내가 육체 가운데 사는 것은 나를 사랑하사 나를 위하여 자기 자신을 버리신 하나님의 아들을 믿는 믿음 안에서 사는 것이라."

우리는 모두 예수 그리스도의 제자들로서 날마다 믿음의 여정을 걷고 있다. 우리가 진정으로 '그리스도 안에' 있으려고 할 때 날마다 주님과 더불어 걸으면서 우리의 마음과 영혼과 생명에 대한 확신을 발견하게 된다는 것을 알면 탐구와 이해와 산 생명의 여정을 계속할 수 있게 될 것이다.(Ira Gallaway)

요약

바울은 고대 율법의 목적과 의미를 재정의하고, 예수님을 통한 하나님의 은혜를 이해하는 방법을 제시했다.

갈라디아서에서 '자유'라는 말은 우리의 삶 속에서 그리스도가 하시는 일에 대한 제자들의 반응을 바울이 어떻게 이해했는지를 아는 데 핵심이 된다.

자유를 이해하려면 '그리스도 안에서'라는 바울의 말이 무엇을 의미했는지 알아야만 한다.

바울에게서 그리스도의 말씀 안에 거한다는 것은 그리스도 안에 거한다는 것이었다.

하나님과의 올바른 관계는 우리 자신이 아니라 그리스도를 신뢰함으로써 온다.

우리는 도덕적 율법(비록 하나님의 율법이라 할지라도)에 순종함으로써는 하나님의 인정을 받지 못한다.

우리는 율법이 아니라 그리스도에 대한 신앙을 통해서 구원을 받는다.

칭의, 구원, 성화 등은 모두 그리스도 안에서의 신앙을 통한 하나님의 선물, 곧 은혜다.

대화

은혜, 자유, 그리스도 안에서 등에 대해 각자 이해한 것을 이야기하라. 그 밖에 갈라디아서에서 들은 중요한 개념들은 무엇인가?

■ 성경과 교재(50분)

세 사람씩 짝을 지어 갈라디아서의 중심이 되는 문제를 자기들의 말로 설명해 보게 하라. 틀림없이 각 그룹이 제기하는 문제가 조금씩 다를 것이다. 완성된 설명을 하나씩 읽고, 질문을 통해 분명하게 하라.

갈라디아서가 다루는 중심 문제는 여러 가지다. 아래의 문제들을 한 번에 한 가지씩 생각해 보는데, 매일 성경을 읽고 연구하면서 기록한 정보와 생각을 잘 활용하라. 할례, 모세의 율법, 예루살렘 회의, 믿음으로 의롭다 함을 얻음, 아브라함과 율법, 아브라함과 그리스도, 그리스 문화, 유대교인들, 이방 기독교인들, 유대계 기독교인들, 바울과 그의 사역 등을 생각해 보라.

이 편지에서 바울의 주장은 무엇인가? 반대파의 주장은 무엇인가? 만일 바울이 자기의 주장을 꺾었다면 결과가 어떻게 나타나게 되었을까? 기독교인들은 하나님과의 관계에서 자유를 어떻게 이해해야 하는지에 관해 토의하라. 소그룹으로 나누어 '규범'이라는 종교에 의존해 살려던 자신들의 경험에 대해 서로 이야기하게 하라. 또 지금은 하나님과의 관계 안에 있는 규범에 의한 생활에서 자유를 경험하고 있는지를 말하게 하라. 만약 그렇다면 그 자유는 어떻게 해서 얻게 되는가? 그렇지 않다면 그런 자유를 경험하지 못하게 하는 것은 무엇인가? 무엇을 하라고 예수 그리스도께서 우리를 자유하게 하셨는가?

■ 휴식(10분)

■ 말씀과의 만남(25분)

성경: 갈라디아서 5:1~6:10

한 사람에게 갈라디아서 5:1~26을 읽게 하고, 다른 사람에게 6:1~10을 읽게 하라. 다음 질문을 하라. 이 성경 구절은 하나님에 대해 무엇을 말하는가? 인간에 대해서는 무엇을 말하는가? 하나님과 인간의 관계에 대해서는 무엇을 말하는가?

■ 제자의 모습(20분)

그리스도의 제자는 하나님을 사랑하고 이웃을 사랑함으로써 자유를 경험하고 또 표현한다.

'우리의 모습'에서 설명한 문제에 대한 갈라디아서의 메시지는 무엇인가? '제자의 모습'에 있는 두 번째 질문은 먼저 소그룹으로 나누어 답하게 한 후 전체가 함께 다룰 수 있는 문제다. 이 부분의 마지막 질문은 교회에 초점을 두는데, 그룹에서 공개적으로 할 수 있게 하라.

■ 마침 기도(10분)

29 | 사역자의 지도
A Pastor Gives Guidance

■ 시작 기도(5분)

■ 이끄는 이야기(20~25분)

준비

켁 박사의 글에서 목회서신의 목적과 내용에 특별한 주의를 기울이라.

바울은 목회 신학자였다. 그의 서신들은 작은 가정 교회들 안에서 기독교인이 된다는 것이 무엇을 의미하며, 무엇을 의미하지 않는지 생각하게 해 준다. 바울은 기독교의 첫 번째 목사였다고 할 수 있다. 그의 서신들은 실제로 목회서신들이었다. 그러나 디모데 전후서와 디도서만이 목회서신이라고 불리는데, 그것은 이 서신들이 교회 지도자의 입장에서 본 목회의 제반 문제들을 다루고 있기 때문이다. 여기서 바울은 교회의 목사로 나타나지 않고 목사들의 목사, 즉 감독과 같은 모습으로 나타난다.

대부분의 학자들은 바울의 추종자 중의 한 사람이 그의 이름을 빌려 이 서신들을 썼다고 생각한다. 이 편지들을 읽을 때 초대교회 교인들이 직면했던 문제들이 무엇인지 찾고, 이러한 문제들이 지금 우리에게도 있는지 물어야 한다. 그런 뒤에 우리도 똑같은 충고를 할 수 있는지 알 수 있게 될 것이요, 우리 교회 지도자들에게 똑같은 것을 기대할 수 있을지 알게 될 것이다.

바울의 교회들은 큰 문제 속에 빠져 있다. 바울은 어느 곳에선가 모든 사람이 자기를 버렸다고 말하고, 아무도 그가 전한 대로 복음에 진실하지 못하다고 생각한다. 그는 자신이 참된 사도라고 주장하기까지 했다. 어떤 기독교인들은 그들이 말하는 것이 무엇인지조차 모르면서 이상한 가르침에 붙들려 있다. 이러한 이상한 가르침들은 아마 유대교의 색조를 띤 영지주의의 형태였을 것이다. 다른 자료들을 통해서 우리가 알고 있는 것이지만, 1세기 말엽에는 이 세상에서 일어나는 모든 일은 운석의 영향을 받는다는 생각이 성하였다. 이것은 오늘날 많은 사람들이 점성학에 큰 관심을 갖는 것과 같다. 또 그 당시 그들은 영이 무엇인지, 어떻게 영이 몸에 들어오게 되었는지, 사람이 죽으면 영에 어떤 일이 일어날 것인지 등에 관한 의견이 구구했다. 바울의 편지가 분명히 하고 있는 것은 이들에 대한 해답은 주지 않지만 그러한 가르침에 빠져들어가지 않도록 독자들을 권면하고 있다는 것이다. 독자들은 바울에게 배운 건전한 교리들을 지켜야 한다.

이 책의 저자는 특히 교회가 분열되고 확신이 흔들릴 때일수록 훌륭한 지도자가 필요함을 안다. 목회서신들은 교회 지도자에게 분명히 정해진 책임이 있음을 전제하는데, 바울 시대의 지도자의 자격은 성령이 시키는 대로 행함에 있었다. 그러나 그러한 가운데서 고린도전서 12장과 에베소서 4장에 열거된 여러 가지 책임들 중 포함되지 않은 감독의 직분이 발전된 것을 볼 수 있다. 교회 조직이 어떻게 발전되고 형성되었는지는 복잡한 이야기로 서로 상반되는 점이 많다. 중요한 것은 목회서신들은 초기에 실제로 있었던 교회의 지도 체제보다 더 발전된 체제를 강조하고 있다는 것이다. 예를 들면, 여자의 역할이 실제 상황보다 더 규제된 체제를 들 수 있다. 현재 우리에게 있는 감독과 장로와 집사의 의무가 신약 시대 지도자들의 의무와 동일하다고 간주해서는 안 된다.

목회서신에서 우리가 찾아야 할 또 한 가지는 가정 식구들의 의무들을 규정해 놓은 저자의 방식이다. 남자, 여자, 청소년, 종들의 의무들이 그것이다. 우리는 또 에베소서, 골로새서, 베드로전서 등에서도 같은 것들을 본다. 이런 서신들에 신약성경의 기자들은 오래 전 그리스 저자들이 세워 놓은 제도를 따르고 있었다. 다른 말로 하면 이들 서신들은 교회의 특수한 제도만을 인정한 것이 아니라 우리 시대와는 다른 사회 제도와 가족 제도를 인정하고 썼다는 것이다. 그러므로 이러한 서신들을 우리 상황에 그대로 적용할 수 없다. 우리는 그 서신들이 말하고 있는 본래의 뜻을 찾으려 해야 한다.

디모데전서 5장에는 과부들을 위한 교회의 자선 행위에 관한 규정들이 포함되어 있는데, 그 내용을 보면 놀랍다. 여기서 기자는 남용을 방지하고자 한다. 즉 여자들을 노동력으로 사용할 것이 아니라 홀아비들을 사용할 것을 뜻하고 있는 것 같다. 왜 고아들이 여기에 언급되지 않았는지는 알 수 없다.

그러나 초대교회의 이러한 행위가 얼마나 변형된 것인지 사도 행전을 보면 알 수 있다. 사도행전에 나타난 초기 기독교 공동체에는 특별한 사람들을 위한 자선 활동이 필요없었다. 그 이유는 모두 가진 것을 나누어 썼기 때문이다. 이런 형태의 공동생활이 왜 오래 지속되지 못했는지 우리는 알 수 없다. 아마 그들이 소유했던 것들을 모두 써 버렸기 때문일 것이다. 그들은 자신들의 재산을 가지고 생산 공급의 길을 모색하지 않았다. 예를 들어, 그들은 도자기를 만들어 팔기 위하여 소비조합 같은 것을 조직하지 않았다. 신약성경 시대에 이러한 공동생활을 시도했던 교회를 찾아볼 수 없다. 그 대신 기독교인들은 가난한 사람들을 돌보아 주기 시작했고, 디모데전서는 이러한 구제 사업도 그렇게 순탄한 것이 아니었음을 보여 준다.

마지막으로 이 서신들을 읽으면서 우리는 기독교 신앙의 요약에 눈을 돌려야 한다. 이것들은 아마 초기 기독교인들의 신조와 신앙 고백들로서 기독교 신앙의 기본이 되기 때문에 저자가 인용했을 것이다. 어느 시대이든 기독교인은 하나님께서 예수님 안에

서 우리를 위해 하신 가장 중요한 일을 늘 기억해야 한다.(Leander E. Keck)

요약

바울은 목회 신학자였다.

디모데와 디도에게 보낸 편지들을 목회서신이라고 부른다.

이 편지들은 지도자의 입장에서 본 목회 문제를 다루고 있다.

대부분의 학자들은 바울을 따르던 한 사람이 바울의 이름으로 이 편지들을 썼다고 생각한다.

바울은 자신이 전한 복음을 바로 이해하고 그대로 행하는 사람이었다고 생각한다. 어떤 기독교인들은 이상한 가르침에 사로잡혔다. 바울은 독자들에게 그러한 가르침에 현혹되지 말고 건전한 교리를 붙들라고 권유한다.

목회서신은 교회의 지도력에는 분명히 규정된 의무가 있다고 생각한다. 그리고 옛 시대의 지도력보다 발전된 것이어야 한다고 생각한다. 저자는 남자, 여자, 청소년, 종 등 가족들의 임무를 설명하는데, 지금과는 다른 가정과 사회 구조를 당연한 것으로 여긴다.

이 서신들이 담고 있는 기독교 신앙의 기본은 아마 초대 기독교인들의 신앙 고백이나 신조들이었을 것이다.

대화

목회서신의 저술 목적과 배경에 대해 이해한 것을 서로 나누라.

■ 성경과 교재(50분)

이 부분을 공부하는 동안 다음 질문에 대해 토의하라. 디모데전후서와 디도서에서 오늘날까지도 여전히 남아 있는 논제들은 어떤 것인가? 교재에서 논의된, 바울이 디모데에게 준 다섯 가지 권면을 중심으로 토의를 하라. 주중에 성경을 연구하며 각자 적은 메모들이 유용하게 사용될 것이다.

디모데전후서와 디도서에서 신앙의 중심이 되는 교리들을 찾아 토의 사항에 포함시키라. 예를 들면 디도서 1:1~3; 2:11~14; 3:4~7이다. 두 편지에서 또 다른 유사한 교리 설명들을 찾아보라.

디도서에 대해 좀 더 연구한 사람이 있으면 한 번에 한 사람씩 이야기하게 하거나 패널 형식으로 발표하면 좋을 것이다.

이것은 바울의 마지막 편지이므로 26과에서 공부한 바울 서신의 구조를 소그룹으로 나누어 다시 공부하면 좋을 것이다. 활동 후 새로 발견한 것들을 발표하게 하라.

■ 휴식(10분)

■ 말씀과의 만남(25분)

성경: 디모데전서 4:1~16

한 사람에게 본문을 큰소리로 읽게 하라. 다음 질문을 하라. 이 성경 구절의 중심 사상은 무엇인가? 오늘을 사는 우리를 위한 의미는 무엇인가? 나 개인에게 주는 의미는 무엇인가?

■ 제자의 모습(20분)

그리스도의 제자는 훈련받은 믿음의 지도자들에게서 바른 가르침을 얻으려고 노력한다.

'우리의 모습'을 큰소리로 읽으라. 다음 질문을 가지고 토의하라. 서로 반대하는 것보다 함께 일하기 위한 방법을 찾도록 이끌고 요구하는 지도자들을 어떻게 존경할 수 있는가? '제자의 모습'에 제시된 첫 번째 질문을 가지고 토의하라.

돈을 올바로 쓰기 위한 지침을 이야기하는 것을 주저할 수도 있다. 지침을 세우기 전에 그들이 어떤 점을 먼저 고려했는지 들어보자.

■ 마침 기도(10분)

30 | 우리의 대제사장
Our Great High Priest

■ 시작 기도(5분)

■ 이끄는 이야기(20~25분)

준비

히브리서 저자는 믿음이 약한 기독교인들을 강하게 하기 위해 이 서신을 썼다. 이를 위한 히브리서의 중요한 주제에 주목하라.

히브리서에는 신약성경 중 가장 장쾌한 장면들이 있다. 우리는 여기서 믿음의 주요 온전하게 하시는 예수 그리스도의 뒤를 따라 경주를 하고 있는 우리 자신의 모습을 본다. 또한 믿음이 약해질 때 우리를 격려해 주는 구절들을 찾을 수 있다.

히브리서(히브리인들에게 보내는 편지)라는 책명에도 불구하고 이 책은 엄격한 의미에서 서신이라 할 수 없을 뿐만 아니라 히브리인들 또는 유대인 기독교인들에게만 주어진 것이 아니다.

히브리서는 저자가 누구인지 밝히지 않는다. 동방 교회는 전통적으로 바울을 이 서신의 저자라고 했다. 그러나 이 책의 문체나 형식이나 기독론을 볼 때 바울의 다른 서신들과 다른 점이 많다. 서방 교회는 전통적으로 이 서신의 저자를 익명의 기독교인이나 바나바 중의 하나라고 생각한다. 저자가 누구이든 히브리서는 아마 1세기 후반부에 쓰였을 것이다.

이 서신의 수신자가 누구인지 정확히는 몰라도 히브리서는 믿음이 흔들리는 기독교인 2세들에게 보내진 것이 분명하다. 히브리서의 저자는 기독교인들에게 믿음 안에 거하도록 격려하고자 한다. 그는 자신의 주장을 뒷받침하기 위해서 구약과 신약의 상징들을 비교한다. 그리고 예수 그리스도 안에서 나타난 하나님의 계시의 절대적인 우위성을 증명하기 위하여 설득력 있는 논증을 제공한다.

히브리서가 다룬 신학의 중심 주제는 두 가지다. 첫째는 종말론인데, 히브리서는 새 언약의 시대가 시작되었음을 증거함으로써 옛 언약 시대의 종결이 다가오고 있다고 강조한다. 믿는 자들에게는 이 새로운 시대를 맞아들일 책임이 있다.

히브리서는 믿음의 약화를 극복할 수 있는 방법으로 종말론을 강조한다. 히브리서의 종말론은 복음서에서 예수님이 말씀하신 종말론과 다를 것이 없다. 예수께서는 하나님 나라가 지금 도래하고 있다고 하셨다. 히브리서는 지금이 바로 그 옛 시대에서 새 시대로 바뀌는 변화의 순간이라고 한다.

히브리서 전체를 통해 믿음이 식어 가고 있는 사람들을 격려하고 고무시키려고 온갖 노력을 다하는 저자의 모습을 발견하게 된다. 그가 시도한 한 가지 격려는 기독교인들과 광야에서 방황하던 히브리 민족 간의 유사성을 찾는 방법이었다. 히브리 민족이 결국 약속된 땅에 도달했듯이 기독교인들도 결코 희망을 잃어서는 안 된다. 뿐만 아니라 우리는 모세보다 더 위대한 지도자를 모시고 있다. 그리스도를 따른다는 것은 험준한 길과 시련을 의미할 수 있으나 하나님께서 우리에게 주신 능력을 통해 승리할 수 있을 것이다.

둘째는 기독론이다. 이 책의 수신자들은 예수님을 직접 보지 못했고, 그 중 많은 사람이 사도들조차도 보지 못했다는 것을 감안해 본다면 그들은 예수님에 관한 이야기도 자주 듣지 못했을 것이 분명하다. 따라서 그의 주권에 대한 회의가 생기게 되었을 것이다. 이러한 경향을 극복하기 위해 히브리서 저자는 역사적인 예수님보다 그리스도의 서술에 역점을 두고 있다. 히브리서는 예수 그리스도가 하나님의 결정적인 계시라고 한다. 예수 그리스도는 이 세상에서 하나님의 대변자요, 하늘에서는 우리의 대변자이시다.

그리스도는 대제사장이시다. 그는 죽음으로 땅에서 하늘로 들어가는 문을 열어 놓으셨으며 모든 믿는 자에게 그의 뒤를 따라오도록 하셨다. 히브리서 저자는 이 책에서 구약과 신약을 역사적으로 연결시켜 준다. "예비한 첫 장막이 있고 그 안에 등잔대와 상과 진설병이 있으니 이는 성소라 일컫고 또 둘째 휘장 뒤에 있는 장막을 지성소라 일컫나니… 오직 둘째 장막은 대제사장이 홀로 일 년에 한 번 들어가되 자기와 백성의 허물을 위하여 드리는 피 없이는 아니하나니(히 9:2~7)." 그러나 그리스도는 인간의 손으로 만든, 참된 성소의 복제품에 지나지 않은 성소에 들어가지 않고 우리를 위해 하나님 앞에 나타나기 위해 하늘에 들어가셨다.

여기서 그리스도의 구원 행위는 대단히 중요하다. 대제사장은 온 인류를 위해 일하도록 하나님으로부터 부름을 받은 사람이다. 예수 그리스도는 세상 죄를 대속하셨다.

"그러므로 우리에게 큰 대제사장이 계시니 승천하신 이 곧 하나님의 아들 예수시라. 우리가 믿는 도리를 굳게 잡을지어다. 우리에게 있는 대제사장은 우리의 연약함을 동정하지 못하실 이가 아니요 모든 일에 우리와 똑같이 시험을 받으신 이로되 죄는 없으시니라. 그러므로 우리는 긍휼하심을 받고 때를 따라 돕는 은혜를 얻기 위하여 은혜의 보좌 앞에 담대히 나아갈 것이니라."(히 4:14~16)

히브리서는 예수 그리스도께서 앞서 간 믿음의 위인들, 즉 아브라함이나 모세나 구약의 제사장들보다 높은 위치에 있다고 설명한다. 그리스도의 우월성을 증명하기 위해 히브리서 저자는 구약성경 신학과 교회 안에서 급격히 발전하고 있는 신앙을 대조한다. 그 대표적인 예가 용서의 문제다. 구약성경에서 용서는 피의 희생 제사와 연결되는데, 그것은 제한된 효력 때문에 끊임없이 반복되어야 했다. 이에 반해 예수님은 십자가에서 단 한 번으로 완전한 희생 제사를 드렸다.

레위기가 우리에게 말해 주듯이 용서는 우리의 죄를 덮어 주는 것이다. "육체의 생명은 피에 있음이라. 내가 이 피를 너희에게 주어 제단에 뿌려 너희의 생명을 위하여 속죄하게(덮게) 하였나니 생명이 피에 있으므로 피가 죄를 속하느니라(덮느니라)(레 17:11)." 그러나 죄는 잊히지 않았고 죄인은 구원을 받지 못했다. 구원 또는 죄의 용서는 하나님과 인류의 새로운 관계를 가져온 예수님에 의해서만 주어진다.

히브리서는 또한 새 언약의 한 부분인 완전히 새로운 관계를 강조한다. 구약성경의 언약은 하나님을 진정시키는 피의 제사의 결과로 창조주의 진노를 피할 수 있도록 만들었다. 새 언약은 하나님의 현존 앞에서 참회하는 인간을 환영하는 것으로 상징된다. "그러므로 형제들아, 우리가 예수의 피를 힘입어 성소에 들어갈 담력을 얻었나니 그 길은 우리를 위하여 휘장 가운데로 열어 놓으신 새로운 살 길이요 휘장은 곧 그의 육체니라. 또 하나님의 집 다스리는 큰 제사장이 계시매 우리가 마음에 뿌림을 받아 악한 양심으로부터 벗어나고 몸은 맑은 물로 씻음을 받았으니 참 마음과 온전한 믿음으로 하나님께 나아가자."(히 10:19~22)

히브리서는 예수께서 다른 히브리 예언자들보다 우월하심을 증명하려는 것처럼 보일지 모른다. 그러나 히브리서의 주목적은 믿는 자들을 다시 강한 믿음의 상태로 회복시키려는 것이다. 예수님을 대제사장과 예언자들과 비교한 것은 하나의 논쟁의 도구로 사용된 것이요, 그것은 듣는 이들에게 익숙한 개념들이기에 매우 효과적이었다. 오늘날 히브리서를 진지한 태도로 읽는 사람이라면 히브리서가 강한 믿음을 호소하고 있음을 알 수 있을 것이다.

"이러므로 우리에게 구름같이 둘러싼 허다한 증인들이 있으니 모든 무거운 것과 얽매이기 쉬운 죄를 벗어 버리고 인내로써 우리 앞에 당한 경주를 하며 믿음의 주요 또 온전하게 하시는 이인 예수를 바라보자. 그는 그 앞에 있는 기쁨을 위하여 십자가를 참으사 부끄러움을 개의치 아니하시더니 하나님 보좌 우편에 앉으셨느니라. 너희가 피곤하여 낙심하지 않기 위하여 죄인들이 이같이 자기에게 거역한 일을 참으신 이를 생각하라(히 12:1~3)."(Noah Reid III)

요약

히브리서는 기원후 1세기 후반부에 쓰였을 것이다. 동방 기독교의 전통은 히브리서를 바울의 저작으로 생각하고, 서방 기독교의 전통은 익명의 기독교인이나 바나바의 저작이라고 생각한다.

히브리서는 신앙이 흔들리는 기독교인 2세들을 위해 쓰였다. 종말론과 기독론이 히브리서 신학의 중심이다.

• 종말론: 히브리서는 옛 언약과 그 시대의 종말, 새 언약과 그 시대의 시작을 강조한다.

• 기독론: 히브리서 저자는 예수 그리스도를 하나님의 명확한 계시로 역설한다.

히브리서는 구약신학과 교회 안에서 발전하고 있던 신앙을 대조한다. 히브리서의 주요 목적은 믿는 자들을 굳건한 신앙으로 돌아오게 하려는 것이다.

대화

종말론과 기독론을 포함한 성경 구절들을 히브리서에서 찾아보라.

■ 성경과 교재(50분)

히브리서를 쓴 당시의 교회 상황을 설명하라. 토의의 중심은 예수 그리스도의 우월성이다. 히브리서 저자가 쓴 예수님의 우월성에 대한 논쟁을 찾아보라. 관련된 성경 구절들을 찾아 읽게 하라.

히브리서는 믿음이 연약해지는 문제에 대해 말한다. 연약한 믿음의 증거를 설명하는 성경 구절을 찾으라. 그리고 나서 다음 질문을 가지고 토의하라. 필요한 인내와 참음에 관해 히브리서는 어떻게 답변하는가?

히브리서의 신학적 논쟁 때문에 여기서 그 의미를 찾고 이해하기가 어려울 수도 있다. 다음 질문이 도움이 될 수도 있다. 예수님도 우리가 직면하는 것과 똑같은 시험을 당하셨다는 사실에서 어떤 점을 배우게 되는가? 예수님의 희생이 우리 생활에 어떤 의미를 주는가?

히브리서에는 옛 언약과 새 언약의 유사점과 차이점에 대한 언급이 많다. 그 목록을 만들게 하라. 이러한 유사점과 차이점이 예수 그리스도의 우월성에 대한 가르침에 어떤 도움을 주는가?

다 같이 일어서서 히브리서 11~13장을 통성으로 또는 교독으로 크게 낭독하여 서로에게 충성할 것을 권고하라.

■ 휴식(10분)

■ 말씀과의 만남(25분)

성경 구절: 히브리서 4:14~5:14

한 사람에게 본문을 큰소리로 읽게 하라. 다음 질문을 하라. 이 성경 구절은 하나님에 대해 무엇을 말하는가? 인간에 대해 무엇을 말하는가? 하나님과 인간의 관계에 대해서는 무엇을 말하는가?

■ 제자의 모습(20분)

그리스도의 제자는 예수 그리스도의 희생으로 나타난 하나님의 용서를 감사함으로 받아들인다.

'우리의 모습'을 크게 읽은 후 다음 질문을 중심으로 토의하라. 이 문제에 희생과 용서는 어떤 영향을 미치는가?

■ 마침 기도(10분)

■ **시작 기도**(5분)

■ **이끄는 이야기**(20~25분)

준비

세례는 우리를 세상과 구별하는 상징이라는 사실에 중점을 두라.

세례는 우리가 교회의 일원이 될 때 행하는 성례. 어떤 클럽에 가입하면 회원증을 받는 것처럼, 세례는 우리가 어디에 속해 있으며, 우리가 속한 단체가 무엇을 하는지 안다는 표시가 된다. 또 자신이 해야 할 일이 무엇인지 안다는 표시이기도 하다. 세례는 기독교인이 된다는 것이 무엇을 의미하는지 보여 주는 상징이기도 하다. 이러한 세례 행위는 그리스도의 몸에 접붙임을 받는 행위이기도 하다. 교회에 들어가게 되면 우리는 교회라는 공동체에 속하게 된다. 이것을 드러내기 위해 세례는 하나님의 가족이 모인 가운데서 행해진다. 세례가 의미하는 것은 무엇인가? 그것은 세례 때 사용하는 물이 상징하는 것을 보면 알 수 있다. 성경에서 물의 의미는 중요하다. 이스라엘 백성이 마른 땅처럼 홍해를 건너 애굽인의 손에서 도피했을 때 물은 그들의 구원이 되었다. 모세가 광야에서 바위를 쳐 생수를 얻었을 때 물은 그들의 힘이 되었다. 예수님을 만난 우물가의 여인에게 물은 새로운 생명이 되었다. 그러나 물은 또한 죽음의 상징이기도 하다. 노아의 홍수 이야기에서 물이 야기할 수 있는 죽음과 파괴를 볼 수 있다. 그러나 여기서도 물은 구원을 상징한다. 베드로전서는 "그들은 전에 노아의 날 방주를 준비할 동안 하나님이 오래 참고 기다리실 때에 복종하지 아니하던 자들이라. 방주에서 물로 말미암아 구원을 얻은 자가 몇 명뿐이니 겨우 여덟 명이라(벧전 3:20)."고 했다.

교회의 일원이 되는 세례는 위에서도 언급했듯이 공동체적 행위다. 세례를 통해 공동체 전체가 하나로 묶인다. 그 이유는 무엇인가? 교회가 항상 선언했듯이 누가 세례를 받든지 그 세례 행위를 통해 나 자신이 받았던 세례를 갱신하는 기회가 되기 때문이다. 교회의 성격을 드러내는 하나의 상징으로서 속령(屬領)을 들 수 있다. 속령은 어떤 문화권 내에 있으면서도 동시에 그와는 다른 문화권에 속한 특정한 지역을 말한다. 어떤 사회나 문화권 내에 있는 교회는 자기 특성을 주위에 비출 수 있다.

교회의 의무는 첫째, 베드로전서 2:9에서 말했듯이 '왕 같은 제사장들이요 거룩한 나라'가 되는 것이다. 이렇게 되기 위해서는 기름 부음을 받고 성별되어야 한다. 이것은 우리를 특별한 백성이 되게 만든다. 교회는 우리가 기독교 문화 속에서, 그리고 근본적으로는 기독교 국가에서 산다는 사실을 표명한다. 따라서 교회는 자기 특성을 드러내는 일에 관해 염려할 필요가 없다. 그러나 교회는 스스로의 특성과 경계를 지닌 독특한 실체다. 베드로전서의 저자가 전달하려는 것이 바로 이것이다.

이러한 속령의 구성원인 우리의 임무 중 또 한 가지는 사람들을 무장시키는 것이다. 우리는 '아니요'라고 말할 수 있는 백성이 되도록 무장시켜 주어야 한다. 세상의 속임수에, 세상의 가치에 '아니요'라고 할 수 있게 해야 한다. 또 우리는 '예'라고 말할 수 있는 백성이 되도록 도울 수 있다. 진리의 공동체로서의 교회에 '예'라고 응답하며, 세상과 우리 자신을 올바로 보도록 무장시키기 위해 '예'라고 응답하게 해야 한다.

교회가 세례를 베풀 때 우리는 세상을 부인한다. 그리고 세례받는 사람이 힘도 없고, 교육을 많이 받지도 않았고, 잘나지 못했지만 그가 중요한 존재라는 사실을 공표한다. 이들은 바로 하나님의 관심의 대상이다. 이런 의미에서 세례는 하나의 예언적 행위가 된다. 세례는 혁명적이요, 세례받는 이들에게 큰 변화를 일으킨다.

세례의 이러한 특성 때문에 우리는 닥쳐올 고통에 대비해야 한다. 교회의 일원이 될 때 우리는 씻김을 받고 거듭나는 생활에 관해 듣는다. 그리스도와 함께 죽고 다시 산다는 이야기를 듣는다. 이 모든 것이 사실이다. 그러나 우리는 또한 십자가에 거꾸로 달려 죽었다고 전해지는 베드로처럼 고난당할 준비가 되어 있어야 한다. 고난은 제자가 되기 위해 치러야 할 대가다.

우리는 흔히 세례를 너무 가볍게 생각한다. 세례는 잘했다고 등을 두드려 주거나 뺨에 입을 맞추어 주는 행위가 필요한 것이 아니라 모든 것의 새로운 출발이 필요함을 말해 준다. 이러한 변화에는 고통이 따른다. 그것은 한 인간으로서 성장하는 고통일 수도 있고, 모든 것을 버리고 하나님을 신뢰하는 고통이기도 하다.

세례를 갱신할 때마다 우리는 이웃과의 유대 관계를 갱신한다. 세례식은 우리에게 다른 사람들이 필요하다는 사실을 강조한다. 우리는 자신의 힘만으로 신앙생활을 할 수 없다. 우리의 잘못을 시정하고 우리를 뒷받침해 주고 우리에게 믿음의 이야기를 들려 줄 수 있는 사람들이 필요하다. 세례는 제자로서 얻게 되는 특전을 약속해 준다.

세례를 통해 주어지는 것은 새로운 생명의 약속이다. 이 새로운 생명은 세례와 함께 시작된다. 베드로전서 1:3은 "우리를 거듭나게 하사 산 소망이 있게 하시며"라고 했다. 우리는 기독교인들로서 잃어버린 것도 있고 얻은 것도 있음을 발견하게 된다. 우리의 옛 사람은 없어지고 새 사람이 태어난 것을 알게 된다.

세례를 통해 주시는 하나님의 약속은 "나는 항상 너와 함께 있으며, 너의 하나님이 되고, 너를 버리지 아니할 것이라."는 것이다. 이것은 우리가 고통 가운데서 서로 주고받는 약속이기도 하다. 세례식 때마다 교회가 주는 약속도 마찬가지다. "우리는 모두 한 가족입니다. 우리는 항상 당신 곁에 있을 것입니다." 이러한 약속은 우리가 어려움 속에 있을 때 큰 위로가 된다.

우리의 소망은 살아 있을 때나 죽은 후에나 동일하다. 하나님은 영원히 우리를 사랑하고 지켜 주신다. 마틴 루터는 세례를 '죽음의 예행 연습'이라고 했다. 세례는 믿음 안에서 모든 것을 하나님의 손에 맡기는 훈련 행위다. 왜냐하면 우리는 생명을 대하듯 죽음도 대할 수 있기 때문이다. 그러므로 모든 것이 믿음에 귀결된다는 것이 가장 중요한 점이다.

세례가 주는 마지막 약속으로 들 수 있는 것은 부활의 소망이다. 예수님의 세례는 그의 죽음과 부활로 성취되었다. 예수께서 세례받기 위해 요단 강 물 속으로 들어갔던 것같이 그는 십자가에서 죽었다. 그리고 요단 강 물에서 나온 것같이 부활절 아침에 다시 사셨다.

우리가 세례받을 때 경험하듯이 물은 예수님과 더불어 죽는 죽음의 약속을 상징한다. 그리고 그 물은 또한 예수님과 함께하는 부활의 상징이다.(William H. Willimon)

요약

세례는 물이 의미하는 구원, 보존, 새 생명을 의미한다.

물은 죽음의 상징이지만 또한 구속의 상징이다.

세례는 공동의 행위다. 다른 이들이 세례를 받을 때마다 우리는 나 자신의 세례를 갱신하게 된다.

교회가 어느 개인에게 세례를 줄 때마다 우리는 세상과 짝하지 않음을 고백한다.

세례는 하나의 예언자적 행위요, 혁명적 행위이며, 참여자들을 변혁시키는 행위다. 이러한 세례의 특성 때문에 우리는 또한 고통에 대비하지 않으면 안 된다.
- 변화와 성장의 고통
- 자신을 포기하고 하나님을 신뢰하는 고통

세례식은 우리에게 타인이 필요함을 강조한다. 우리 자신의 힘만으로는 할 수가 없다.

새 생명은 세례의 행위에서 시작된다. 세례에서 하나님은 "내가 네 곁에 있겠다."고 약속하신다.

세례는 죽음을 위해 '옷을 입는 훈련', 즉 신앙 안에서 자기포기를 연습하는 것이다.

세례는 부활의 소망을 약속한다.

대화

자신의 세례 경험을 이야기하고, 또 세례를 개인의 봉헌으로 정의할 경우 그 의미에 대해 말하게 하라.

■ 성경과 교재(50분)

이 과의 주요 주제는 다음과 같다. 그리스도 안에서의 새 창조에 대한 강조, '거룩'의 의미, 성별의 경험, 거룩한 생활 또는 자기를 바침으로써 초래되는 고통, 거짓 교훈의 위험.

성경을 읽고 연구하는 중에 생긴 의문점들이 있을 것이다. 또 교재가 요구하는 응답을 하면서도 질문거리가 생길 수 있다. 소그룹과 전체 토의에서 다룰 수 있는 주제들을 정하라.

두세 사람씩 짝을 지어 다음 질문을 중심으로 토의를 하되, 각자 주중에 읽은 성경 말씀과 메모한 것들을 잘 활용하라. 베드로 전후서가 전하는 제자의 성별 방법은 무엇인가? 거룩한 생활 또는 성별의 삶에서 비롯되는 고난은 어떤 것들인가? '거룩한 생활'을 정의해 보라. 그리고 그것을 전체 앞에서 발표해 보라.

성별의 의미를 토의할 때 '더 알아보기'의 내용을 추가 연구한 사람이 있으면 발표하게 하라.

■ 휴식(10분)

■ 말씀과의 만남(25분)
성경: 베드로전서 3:8~17

한 사람에게 본문을 큰소리로 읽게 하라. 다음 질문을 하라. 거룩해지고 성별된다는 것은 무엇을 의미하는가? 베드로전서 3:15에 "너희 마음에 그리스도를 주로 삼아 거룩하게 하고 너희 속에 있는 소망에 관한 이유를 묻는 자에게는 대답할 것을 항상 준비하되."라는 구절이 있는데, 나의 '소망'은 무엇인가?

■ 제자의 모습(20분)

그리스도의 제자는 자신이 내적으로는 그리스도의 품성과 외적으로는 사랑의 증거를 지닌 특별하고 구별된 사람임을 안다.

이 과의 첫머리에 있는 '우리의 모습'에 주의를 기울이고, 자신의 감정을 표현한 것 같은 문장들을 찾으라. 몇 분 동안 '거룩'이라는 낱말의 긍정적인 이해와 부정적인 이해를 열거하게 하라. 다음 질문을 하라. 우리는 '거룩'이라는 말을 긍정적 의미보다 부정적 의미로 해석하는 경향이 있는가? 있다면 왜 그런가?

'제자의 모습'에 있는 질문에 대한 답을 발표하라. '제자의 모습'이 설명한 사람과 '우리의 모습'이 설명한 사람을 구분하는 것은 무엇인가?

■ 마침 기도(10분)

32 | 소망의 생활
We Never Lose Hope

■ **시작 기도**(5분)

■ **이끄는 이야기**(20~25분)

준비

세 그룹으로 나누어 다음 세 가지 질문 중 하나씩을 고르게 한 후 곤잘레스 박사의 글에서 해답을 찾게 하라.

일곱 교회를 향한 요한의 메시지는 무엇인가? 요한계시록에는 어떤 문학형식들이 있는가? 요한계시록이 우리에게 주는 메시지는 무엇인가?

요한계시록은 이해하기 어려운 상징과 영상화로 교회에서 도외시되는 경우가 많은 책이다. 우리는 이 책의 저자가 누구인지 정확히 알지 못한다. 그러나 그가 초대교회의 지도자였음은 알 수 있다. 그리고 그는 이 책을 보낸 소아시아의 교회들 사이에서 잘 알려진 사람이었다. 그의 말투로 보아 그는 그 교회들에게서 큰 권위를 부여받았다는 것을 짐작할 수 있다. 그가 밧모 섬에 유배되었던 것은 로마 정부가 내린 형벌이었던 것이 분명하다. 요한계시록은 저자가 '요한' 이었다고 말하지만, 그가 제4복음서의 저자와 동일인이 아님은 분명하다.

요한계시록은 기원후 90~96년 사이에 쓰였는데, 이 때는 특히 소아시아에 있는 기독교인들이 심한 박해를 받던 시기였다. 그 당시 소아시아의 기독교인들은 급성장을 하고 있었다.

여기서 말하는 소아시아는 지금의 터키를 말한다. 그 곳에는 요한이 말한 대로 일곱 교회가 있었다. 에베소교회, 서머나교회, 라오디게아교회, 빌라델비아교회, 사데교회, 두아디라교회, 버가모교회가 그것이다. 그 당시 로마 황제는 도미티아누스였는데, 그는 자신을 신으로 숭배하라고 강요한 폭군이었다. 이 명령에 불복종하는 자는 사형에 처해졌다.

요한은 이 편지에서 일곱 교회를 향해 말했다. 이들 각 교회의 문제는 서로 달랐지만 요한의 메시지는 각 교회의 요구에 적합했다. 요한은 편의 때문에 일곱 개가 아닌 한 개의 편지를 쓴 것이 아니었다. 그는 이 편지에 일곱 교회를 향해 그가 말하려는 것을 담았다. 각 교회에 독특한 사정이 있다 해도 이 교회들은 하나로 묶어 주는 공통적인 유대가 있었다.

2장과 3장에 각 교회를 향한 글이 있다. 이 부분에서 요한은 우선 각 교회를 향해 "나는 너의 가치를 안다."고 찬양의 말을 한다. 그런 다음에 그는 비판하는 말을 하거나 격려하는 말을 전한다. 그러나 요한계시록의 이야기, 즉 요한의 환상들은 전 교회를 위한 이야기다. 박해를 받고 있는 성도에게는 그것이 용기를 북돋워 주기 위한 소망의 이야기요, 믿음이 미지근한 사람에게는 만약 진심

으로 믿음의 생활로 돌아오지 않는다면 새 예루살렘에서 제외될 것을 경고하는 환상이다. 요한계시록을 읽음으로써 각 교회는 그리스도에 대한 믿음만이 그들이 직면한 박해를 견뎌 낼 수 있게 해 준다는 사실을 알게 되었다.

요한계시록은 세 가지 다른 문학 형식을 내포하고 있다. 그것은 묵시와 예언과 서신이다. 이 세 가지 유형을 좀 더 자세히 살펴보면 다음과 같다.

그 당시 묵시문학은 유대인들과 기독교인들 사이에서 매우 유행하는 형식이었다. 요한의 묵시적 환상들은 4장에서 22장 사이에 기록되어 있다. 그는 하나님과 사탄 사이에서 일어나고 있는 충돌, 즉 결국 하나님이 승리하실 전쟁에 대해 이야기한다. 그의 동료 기독교인들이 무서운 핍박을 당하고 있던 그 당시 요한계시록의 저자는 로마 제국을 사탄으로 표현한다. 요한계시록 11:7에서 저자는 사탄을 짐승으로 표현하지만 하나님의 최후 승리에 대한 그의 환상은 로마에 의해 투옥되고 고문받고 죽임을 당한 기독교 친구들에게는 큰 격려가 되었다.

묵시적 요소는 요한계시록의 주를 이루고 있다. 그러나 우리가 이 책에서 그것만 본다면 중요한 것을 놓치게 된다. 사실 이 책에서 묵시라는 낱말은 단 한 번밖에 나타나지 않는다. 반면 요한은 다섯 번이나 이 책을 예언이라고 표현한다.

요한은 자신을 히브리 예언자를 계승한 사람으로 생각했다. 그도 또한 하나님으로부터 메시지를 받았고 그 메시지를 전하도록 하나님으로부터 부름을 받았다고 했다. 다른 히브리 예언자들의 메시지가 잘못 이해되었던 것처럼 요한의 메시지도 잘못 이해된 것이 많았다. 그는 현재의 상황을 해석하기 위해 이 글을 쓰고 있었지, 미래를 예측하기 위해서 쓰고 있는 것이 아니었다. 사랑하던 사람들을 향한 오늘의 권면으로, 또 격려와 교육으로 이 책을 받아들일 때 우리는 요한계시록의 의미를 올바로 이해할 수 있다.

예를 들면, 요한은 에베소에 있는 교회를 향해 "내가 네 행위와 수고와 네 인내를 알고…네가 참고 내 이름을 위하여 견디고 게으르지 아니한 것을 아노라(계 2:2~3)."고 말한다. 그 교회 교인들을 잘 알고 사랑하던 사람이 쓴 것임에 틀림없다.

요한계시록은 또한 서신이다. 이 편지는 소아시아에 있는 일곱 교회에 보내진 서신이다. 서신들에서나 볼 수 있는 서두와 끝맺음을 볼 수 있다. "요한은 아시아에 있는 일곱 교회에 편지하노니 이제도 계시고 전에도 계셨고 장차 오실 이시며 그의 보좌 앞에 있는 일곱 영과…은혜와 평강이 너희에게 있기를 원하노라…(계 1:4~5)."처럼 요한계시록이 세 가지 문학 형식을 갖추고 있다는 사실을 이해할 때 요한이 보여 주려는 것을 충분히 볼 수 있게 된다. 요한계시록은 묵시적 주제를 가지고 있으나 그것이 쓰였던 당

시의 상황에 맞춘 것이요, 특정한 일곱 교회에 보내진 것이었다.

오늘 우리도 이와 비슷한 상황에 처해 있다는 것은 흥미로운 일이 아닌가? 어떤 기독교인들은 믿음 때문에 박해를 받는다. 어떤 기독교인들은 비밀리에 숨어서 예배를 드린다.

우리는 눈에 보이지 않는 적들과 투쟁할 때가 많이 있다. 요한이 서술한 것처럼 궁극적인 악과 투쟁을 하고 있지는 않지만 세속 사회에서 기독교인의 특징을 유지하려고 애쓰는 데서 오는 유혹과 투쟁을 하고 있는 것만은 사실이다(실례로 미지근한 신앙 상태, 거짓 가르침, 사랑의 결여 등을 들 수 있다). 그런 면에서 요한계시록의 메시지는 삼중적이다.

첫째, 예수 그리스도는 궁극적으로 악을 정복했다.

둘째, 악의 세력은 지금도 이 세상에 관영하다.

셋째, 믿는 자들은 악 앞에서 계속 투쟁해야 한다.

이러한 주제를 강조한다는 것은 곧 하나님이 인간 역사를 주관하신다는 확신을 말하는 것이다. 궁극적으로 하나님은 승리자이시다. 만약 의인이 오늘날 고통을 당한다면 그것은 악을 드러내고 성도를 성숙시키기 위한 하나님의 계획의 일환이다.

요한계시록이 박해받는 기독교인들에게 큰 격려가 됨을 볼 수 있는가? 이 책은 그들이 현재 당하는 고난에 의미를 부여해 주며, 또 미래에 대한 희망을 갖도록 해 준다. 이 소망은 우리를 우리 자신의 비열함과 이기심에서 건져 주고 하나님께서 진실히 믿는 자에게 지키겠다고 약속하신 것들을 상기시켜 준다.

요한의 글을 읽으면서 큰 희망이 솟아나는 것을 느낄 수 있는가? 진실로 요한의 말들은 하나님의 궁극적인 권능과 믿는 자들에게 주어질 구원을 증거함으로써 오늘날 우리에게 소망을 가져다준다.(Jorge González)

요약

요한계시록은 기원후 90~96년경 요한이라는 이름을 가진 사람이 썼는데, 아마도 제4복음서의 요한은 아닌 것 같다.

기독교인들은 신으로 숭배받으려던 로마의 도미티아누스 황제 치하에서 혹독한 핍박과 고통을 당하고 있었다.

요한은 일곱 교회, 즉 에베소교회, 서머나교회, 버가모교회, 두아디라교회, 사데교회, 빌라델비아교회, 라오디게아교회에게 한 편지를 썼다.

• 핍박을 받는 교회들에게 요한계시록은 용기를 북돋우는 희망의 이야기였다.

• 신앙이 미지근한 교회들에게 요한계시록은 '돌아와서 충성하라.'는 부름이었다.

• 모든 교회를 위한 메시지는 오직 그리스도 안에서의 신앙만이 핍박 속에서 자신을 보존할 수 있다는 것이었다.

요한계시록은 묵시, 예언, 서신이라는 세 가지 문학 형식을 포함하고 있다.

요한계시록의 메시지는 세 가지다.

• 예수 그리스도는 악을 정복하고 궁극적인 승리를 얻었다.

• 악의 세력은 아직도 세상에서 활동하고 있다.

• 믿는 자들은 악과 대항해서 싸워야 한다.

각 주제가 강조하는 것은 하나님이 인간 역사의 주관자라는 확신이다.

대화

요한계시록의 세 가지 문학 형식과 그것들이 전하는 메시지를 다시 생각해 보라.

■ 성경과 교재(50분)

16과에서 다니엘서를 다룰 때 공부했던 묵시문학의 주제와 성격 등을 복습하라.

요한계시록 연구와 토의를 진행할 때, 다음 질문을 잊지 말라. 어떤 상징적 언어에서 희망의 메시지와 믿음을 지키라는 격려의 메시지를 듣는가? 상징적 표현과 메시지가 특별히 강한 구절들을 큰소리로 읽으라. 상징적 언어를 표현한 그림들을 감상하고, 그것이 당대의 사람들에게 무엇을 의미했는지, 또 오늘날 우리에게는 어떤 의미인지 이야기해 보라. 요한계시록의 주제와 내용은 많은 찬송가와 다른 음악 작품들에 반영되어 있다. "거룩, 거룩, 거룩(629장)"이나 "면류관 벗어서(25장)" 등 위대한 찬송가 몇 곡을 부르라. 또 찰스 웨슬리의 "대속하신 구주께서(174장)"의 가사를 읽으라.

■ 휴식(10분)

■ 말씀과의 만남(25분)

성경: 요한계시록 21:22~22:5

한 사람에게 본문을 큰소리로 읽게 하라. 다음 질문을 하라. 새 예루살렘은 무엇을 상징하는가? 이 성경 구절은 우리에게 어떤 희망을 주는가?

■ 제자의 모습(20분)

그리스도의 제자는 박해와 고난 가운데서도 믿음과 충성심을 잃지 않는다.

'우리의 모습'을 읽고 질문에 답하게 하라. '제자의 모습'에 있는 질문들을 한 번에 하나씩 전체 그룹에서 또는 소그룹에서 다루게 하라.

■ 지도자에게

학생용 교재에 있는 활동('우리의 여행을 돌이켜 보며')을 언제, 어떻게 진행할 것인지 결정하라. 이 과의 마지막이나 34과에서 사용하는 것이 적당할 것이다.

■ 마침 기도(10분)

■ 지도자를 위한 글

이 과는 내용과 순서가 앞의 과들과는 다르다. 여기서는 선교, 봉사, 종의 신분 등을 강조한다. 교회 안에서 봉사할 수 있는 다양한 분야들을 제시하고, 각 사람이 자신에게 적합한 봉사 분야를 찾을 수 있도록 돕고 지원하라. 또한 봉사를 계속할 수 있도록 서로 뒷받침해 줄 수 있는 방법이 무엇인지 생각해 보게 하라.

■ 시작 기도(5분)

■ 이끄는 이야기(20~25분)

준비

던남 박사는 제자도에 대한 도전을 제시한다. 이는 성경 연구를 끝내며 개인이나 그룹이 결단을 내리도록 준비시키는 좋은 기회가 된다.

이 과는 그리스도의 제자들에게 주어진 은사와 은혜에 초점을 둔다. 세례받은 기독교인은 모두 사역자다. 교회를 대표하여 말씀 선포와 성례전 집행과 교회 치리를 위해 안수받은 목사가 아니더라도 우리 모두는 세례를 통해, 그리고 입교식을 통해 교회의 일반 선교에 부름을 받았다. 제자란 바로 이것을 뜻한다. 즉 예수님을 대신하여 다른 사람들을 섬기기 위해 자신의 재능과 은사를 사용하는 사람을 말한다.

바울이 자신을 표현하기 위해 즐겨 사용한 문구 가운데 하나는 '예수 그리스도의 사도'였다. 사도라는 낱말은 '파견하다' 또는 '내보내다'라는 그리스어에서 왔다. 그것은 바로 우리가 속한 집단, 즉 사도들의 집단이다. 우리는 기독교인들로서 이 사실을 항상 상기할 필요가 있다. 그리스도는 우리를 그의 사도로 부르셨고, 우리를 사도로 보내셨다.

렘브란트의 그림 중 하나가 이 사실을 감명 깊게 묘사한다. '갈릴리 바다 위의 폭풍'이라는 그림인데, 이 이야기는 마태복음 8장에 나온다. 그 배에는 열두 명의 제자들과 예수님, 모두 13명이 타고 있었다. 그러나 렘브란트의 그림에는 14명이 있다. 왜 그렇게 그렸을까? 그림을 자세히 보면 누가 예수님인지 쉽게 찾아낼 수 있다. 그런데 제자들 외에 또 한 사람은 누구일까? 익숙한 얼굴이다. 그는 공포와 불안에 싸여 있다. 두려운 나머지 두 손으로 뺨을 감싸고 있다. 그는 바로 렘브란트 자신이다. 배 안에 있는 열네 번째 사람으로 자신을 그려 넣은 것이다.

렘브란트가 이 그림을 통해 이야기하려는 것은 풍랑을 두려워하면서 그리스도의 도움을 기다리는 제자들에게 그 자신이 속해 있다는 것이다. 또한 우리 모두가 제자들과 함께 그 배 안에 있다는 사실을 보여 준다. 그리스도께서는 우리를 그의 사람으로 부르셨으며 우리는 그에게 속해 있다.

바울은 또 자신을 예수 '그리스도의 종'이라고 불렀는데 이에 관해서는 나중에 다시 다루게 된다. 바울은 다른 기독교인들을 '성도'라고 불렀다.

우리는 모두 성도다. 이 말은 '성자'라는 말과 같다. '성자'라는 말을 들을 때 생각나는 것은 무엇인가? 성당 스테인드글라스에 그려진 성자들, 아니면 우리 교회의 기둥 역할을 하는 일꾼들을 연상할 것이다. 하지만 이것은 나를 그리스도의 제자로 삼으며 세우셨다는 은혜와 진실로 가득 찬 말씀이다.

말콤 마가렛지는 캘커타의 테레사 수녀의 전기를 썼는데, 그 책에서 이렇게 결론을 맺었다. "테레사 수녀가 성자인지 아닌지의 결정은 후손들이 할 것이다. 내가 그에 대해 말할 수 있는 것은 그는 어두운 때에 밝게 타는 불빛이며, 잔인한 때에 그리스도의 사랑의 복음의 화신이다."

마가렛지는 여기서 구체적인 방법으로 '성자'라는 낱말을 사용하고 있다. 어떤 사람은 성자를 '그리스도가 다시 살아 계신 것같이 느끼게 해 주는 사람'이라고 정의했다. 우리는 테레사 수녀 안에서 예수님이 살아 계신 것을 볼 수 있다. 모든 기독교인의 생활이 이와 같아야 할 것이다.

마틴 루터는 기독교인들을 '작은 그리스도'라고 부르기를 좋아했다. 우리는 바로 '작은 그리스도'들이다. 그리스도가 우리를 위해 계셨고, 우리를 위해 행하신 것을 본받아 우리도 남을 위해 있고, 남을 위해 행하는 것이 우리의 과업이다.

이러한 요구는 그리스도의 제자가 되는 것이 결코 쉬운 일이 아님을 말해 준다. 우리는 옛 시인의 말을 기억한다. "그리스도는 손이 없기에 우리의 손이 오늘 그의 일을 한다. 그리스도는 발이 없기에 우리의 발이 다른 사람들을 그의 길로 인도한다. 그리스도는 입술이 없기에 우리의 입술이 그가 어떻게 죽었는지 사람들에게 전한다. 그리스도는 도움 받을 자가 없기에 사람들을 그의 곁으로 데려오기 위해 우리가 그의 도움이 된다."

그러므로 우리는 그리스도의 살아 계심을 느끼게 해 주는 성자들이다. 우리는 이 세상에서 성육신한 그리스도로서 그의 지속적인 임재를 알리기 위해 하나님이 주신 재능과 은사를 사용하도록 부름을 받았다

이러한 이야기는 결국 우리의 생활 형태에 관한 논의로 귀결된다. 특별히 이 과에서는 사도의 생활을 사는 방법들을 다루게 된다. 즉 인간관계에서 우리가 받은 은사들을 어떻게 사용하느냐를 말한다. 그렇기 때문에 우리의 생활 방식은 이 세상에서 그리스도

의 사역자 또는 그리스도의 제자가 되고자 하는 우리에게 실제적이며 중요한 문제가 된다.

그것은 어떤 생활 형태를 말하는가? 예수님의 생활 형태를 말하는가? 신약성경 전체를 통해 예수님을 가장 아름답고 감동적으로 기술한 부분이 있다면, 빌립보서 2:5 이하의 말씀이라고 생각한다. "너희 안에 이 마음을 품으라.… 주라 시인하여 하나님 아버지께 영광을 돌리게 하셨느니라(빌 2:5~11)." 이 성경 구절은 우리를 향한 부르심이요, 우리 생활이 어떠해야 하는지를 규정해 주는 말씀이다. "너희 안에 이 마음을 품으라. 곧 그리스도 예수의 마음이니 … 종의 형체를 가지사(빌 2:5~7)." 여기서 우리는 바울의 두 번째 즐겨 쓰는 자기 표현, 즉 예수 그리스도의 종이라는 개념으로 돌아간다.

많은 사람들이 '종' 이라는 개념을 별로 좋아하지 않는다. 그러나 우리가 신약성경을 읽으면서 이것이 예수님의 목회 형태를 말해 주는 가장 독특한 특징임을 알게 된다. 예수께서는 이것이 바로 자신이 우리에게 원하시는 생활 형태임을 분명히 하셨다. "너희가 여기 내 형제 중에 지극히 작은 자 하나에게 한 것이 곧 내게 한 것이라."(마 25:40)

이제 우리에겐 하나의 큰 도전이 있다. 우리가 예수님을 섬기는 방식과 예수께서 우리를 종으로 부르시는 것 사이에는 큰 차이가 있다. 우리의 섬김은 항상 주관적인 판단과 결정에 기초한다. 우리는 누구를, 언제, 어디서, 어떻게 섬길 것인지 선택한다. 결국 우리가 주인이 된다. 그러나 예수께서는 우리에게 종이 되라고 부르신다. 이 부르심을 받아들일 때 우리는 자신의 주권을 포기한다. 놀라운 일은 자신의 주권을 포기할 때 놀라운 자유를 경험하게 된다는 것이다. 항상 남을 위해 열려 있는 상태로 바뀌게 된다. 그리고 남의 발에 채이거나 조롱을 당하거나 이용당하는 것을 두려워하지 않게 된다. 이러한 것들이 우리가 가지고 있는 기본적인 두려움이 아닌가? 우리는 약자의 입장에 있기를 원하지 않는다. 자기가 모든 것을 주관하기를 원하지 남에게 이용당하기를 원치 않는다.

그러나 우리가 진정으로 종의 입장을 선택한다면 우리는 궁극적인 의미를 지닌, 그리고 우리 전 생애를 재형성해 주는 결정을 내리는 것이 된다. 자기 마음대로 자만심을 일으키는 봉사가 아니라 종의 위치에서 봉사할 때 우리는 권능과 활력과 기쁨과 의미를 얻게 된다. 은사와 은혜를 종의 자리에서 사용할 때 그리스도의 몸이 우리 가운데서 살아 움직이게 되고, 교회는 이 세상에서 그리스도의 삶을 반복하게 된다.(Maxie Dunnam)

요약

기독교인은 모두 사역자다. 세례식과 입교식에서 우리 모두 교회의 일반 선교를 위하여 부름을 받았다. 우리는 사도들의 회중에 속한다. 그리스도의 부름을 받았고, 또 위임을 받았다.

렘브란트는 '갈릴리 바다 위의 폭풍' 이라는 그림에 자기 자신을 그려 넣었는데, 이는 두려움에 떨며 폭풍을 잔잔케 하는 예수님의 말씀을 기다리는 제자들과 더불어 자신도 그 배 안에 있었음을 말하는 그림이다.

바울은 자신을 노예 또는 종이라고 불렀다. 그리고 다른 기독교인들을 성도라고 불렀다. 루터는 기독교인들을 '작은 그리스도' 라고 했다. 예수님의 생활 형태는 우리의 생활 형태의 본보기가 된다. 예수님은 우리에게 종이 될 것을 요구하신다.

우리는 대개 자신이 주도권을 쥔 상태에서 봉사하려고 한다. 그러나 우리가 예수님의 방식을 선택할 때 지배자가 될 권리를 포기하게 된다.

- 항상 남을 도울 준비가 되어 있으며 희생할 각오가 서 있다.
- 남에게 짓밟히거나 이용당한다는 공포심을 버리게 된다.
- 자유를 경험한다.

대화

던남 박사의 글을 이해한 대로 이야기하게 하라. 그런 후에 다음 질문을 가지고 토의하라. 기독교인은 어떻게 다른 이들에게 한 사람의 목회자가 될 수 있는가?

■ 재능과 은총에 관한 논의(2시간)

매일 읽어야 할 성경 구절에서 하나를 골라 큰소리로 낭독하라. 그리고 나서 두 사람씩 짝을 지어 교재에 기록한 그 성경 구절과 관련된 대답을 간결하게 서로 이야기하라. 짝을 바꾸어 읽은 성경에 대한 응답을 나누라.

그런 후에 선교 활동에 사용할 수 있는 각자의 은사에 관해 토의하라. 차례로 돌아가면서 이 주간에 성경과 교재를 공부하면서 자신에 관해 무엇을 깨달았는지 발표하게 하라. 1분씩만 이야기하도록 시간을 제한하라.

각 사람에 대한 긍정적인 인상을 말해 주어 서로 격려하라. 각 사람에게 5분씩 할당하되 지도자도 참여하라. 그리고 그가 원하는 선교 봉사에 하나님의 인도를 간구하는 기도를 드리라.

휴식 후에 교재의 일곱 가지 은사를 다루는 부분을 공부하라. 선교를 위한 은사에 대해 각자가 생각하는 바를 나누고, 교재의 빈칸에 기록하게 하라. 모두 '헌신의 서약' 을 작성한 후 그 내용을 발표하게 하라. 기도로 마치라.

각자의 결단이 교회에 전달되고, 봉사할 기회를 찾을 수 있게 도울 방법을 연구하라.

■ 마침 기도(10분)

34 | 최후의 만찬
A Last Supper Together

■ 지도자를 위한 글

금주의 모임은 순서와 내용이 지난 과들과는 다르다. 모임이 시작되기 전에 성찬식에 필요한 것들을 준비하라. 모임 내에 성찬식을 집례할 수 있는 안수받은 목사님이 없으면 초청하라.

■ 시작 기도(5분)

■ 이끄는 이야기(20~25분)

준비

왓슨 박사의 글을 듣기 전에 먼저 '언약'이라는 낱말의 정의를 내려 보게 하라.

구약과 신약에서 많이 나타나는 낱말 중 하나는 언약이다. 구약에서 사용된 언약이라는 낱말은 원래 앗수르에서 유래되었는데, '묶는다'라는 의미를 가지고 있다. 물론 구약에서는 이 낱말을 하나님과 특별한 관계를 맺는다는 의미에서 사용했다. 하나님과 특별한 관계를 맺는다는 것은 하나님에게 결속되는 것을 의미한다. 하나님에게 한 번 결속되면 우리가 어렵다고 해서 맘대로 결속을 풀고 빠져나가지 못한다. 우리는 자진해서 하나님에게 결속되었기 때문에 허약해졌다고 해서 그 결속을 맘대로 풀 수 없다. 이 언약 관계는 하나님께서 항상 주도권을 잡고 계신다. 우리는 하나님의 은총에 응답할 뿐이다. 아브라함의 경우가 그러했고, 모세의 경우가 그러했다. 예레미야는 "날이 이르리니 내가 (하나님) 이스라엘 집과 유다 집에 새 언약을 맺으리라.… 그들이 다시는 각기 이웃과 형제를 가리켜 이르기를 너는 여호와를 알라 하지 아니하리니 이는 작은 자로부터 큰 자까지 다 나를 알기 때문이라(렘 31:31~34)."고 예언했다. 그 이유는 그들이 그 언약을 마음에 새겨 두었기 때문이다.

이 새 언약이야말로 예수 그리스도에게서 성취되었다. 하나님의 아들인 예수님은 모든 인간과 맺어질 언약의 표로 이 땅에 오셨다. 이 언약의 표야말로 온 인류를 위한 구원의 상징이다. 하나님께서 이 언약의 주도권을 잡고 계시고, 인간은 그 주도권에 응답할 때에만 하나님이 자신의 하나님이라는 사실을 깨닫게 된다. 그 하나님은 사랑의 하나님이고, 보호하는 하나님이며, 공의로운 하나님이고, 우리를 구원하시는 하나님이다. 우리는 하나님의 백성이 되겠다는 뜻만 표하면 된다.

만약 하나님의 백성이 되려면 그 하나님에게 우리의 하나님이 되도록 허용해야 한다. 하나님은 우리의 창조주이시며, 우리는 그의 피조물이라는 사실을 인정하고 그에게 순종할 때 하나님은 우리의 하나님이 되신다. 하나님과 이러한 언약 관계를 맺기 위해서 우리는 이웃과도 언약 관계를 맺어야 한다는 사실을 성경을 통해 깨닫게 된다. 그 이유는 무엇일까?

해답은 간단하다. 우리가 하나님과 맺은 언약을 지키려면 이웃 상호간에 언약을 맺어야 하기 때문이다. 우리는 죄인들이다. 용서받은 죄인들이다. 치유를 받고 있는 죄인들이다. 그러나 우리 모두에게는 하나님에 대한 반항의 잔여가 아직도 남아 있다. 물론 하나님을 향한 이 반항이 곧 죄다. 우리는 죄 된 세상에 살고 있다. 우리가 죄 된 세상에서 사는 것은 하나님에게 순종하며 사는 것이 쉽지 않다는 사실을 의미한다. 다시 말해서 이 죄 된 세상에서 하나님께 순종하며 생활하려면 특별한 훈련이 필요하다는 말이다. 이러한 훈련이야말로 제자가 되는 근원이다. 그렇기 때문에 우리는 이 성경 연구 교재를 제자 훈련 교재라고 부른다.

'제자'에는 '배운다'라는 뜻이 있다. 하나님과 어떻게 하면 올바른 관계를 맺을 수 있을지를 배우는 것을 의미한다. 신앙 훈련으로 하나님과 특별한 관계를 맺는 방법을 잘 배운 사람들이 초대 감리교 신자들이었다. 그들은 제자가 되기 위해 철두철미한 훈련을 쌓았기 때문에 감리교인(규칙쟁이)이라는 별명을 얻게 된 것이다. 그들은 일 주일에 한 번씩 속회모임을 하자는 언약을 맺었다. 속회에 참여하는 사람들에게는 표를 한 장씩 주었는데, 그 표는 하나님과 맺은 언약을 지키기 위해 서로가 언약을 지키겠다고 약속하는 상징이었다. 매주 속회 모임 때마다 그들은 책임을 다했는지를 서로 추궁하였다. 존 웨슬리는 이 책임 추궁을 '사랑으로 서로 감시하는 것'이라고 했다. 물론 이러한 제도는 감리교인들이 창안해 낸 훈련은 아니었다. 영국의 초대 청교도들이 사용하던 제도와 표어를 철저한 제자가 되기 위해 나름대로 자신들의 표어로 삼았던 것이다. 바로 이러한 훈련이 언약의 내용을 내포한다.

이러한 내용이 잘 집중된 것이 언약을 재다짐하기 위해 존 웨슬리가 시작한 언약 예배다. 그는 17세기에 쓰인 장로교의 기도문을 인용하여 이 예배문을 작성했다. 웨슬리가 처음 사용한 기도문은 다음과 같다.

> 당신의 손에 저를 의탁하나이다.
> 당신의 뜻대로 저를 쓰시옵소서.
> 당신이 원하는 대로 저의 위치를 정해 주옵소서.
> 나에게 행함이 있게 하옵소서.
> 내가 고난을 받게 하옵소서.
> 당신이 원하는 일을 저에게 맡겨 주시옵소서.
> 당신만을 위하여 칭찬을 받게 하옵시고,
> 당신만을 위하여 짓밟히게 하옵소서.

나를 충만하게 하옵소서.

나를 비우게 하옵소서.

나에게 모든 것을 소유하게 하옵소서.

나에게 아무것도 소유하지 못하게 하옵소서.

나는 허물없이 진정으로

당신의 뜻에 맡기나이다.

교재에서 보는 바와 같이 언약 예배는 성만찬으로 끝을 맺는다. 배신을 당하던 날 밤에 예수님은 제자들과 함께 만찬을 나누셨다. 이 때 예수님은 '이것이 너희를 위해 하나님과 새로 맺는 언약'이라고 분명하게 말씀하셨다. 이 새 언약으로 하나님께서 인류를 구원한다고 약속하셨다. 이 새 언약은 그의 몸과 피의 희생으로 가능하게 된 것이다. 초대교회 때부터 이 새 언약은 공동체가 같이 떡을 떼는 자리에서 기념되었다.

오늘날 우리는 그것을 성만찬으로 기념한다. 이 제자 훈련 과정을 마치는 날 떡과 잔을 같이 나누는 과정에서 우리는 어느 때보다 예수 그리스도에게 가까워짐을 체험하게 될 것이다. "이 떡을 같이 떼면서, 또 이 잔을 같이 마심으로써 그리스도의 제자로서 기쁜 마음으로 하나님의 새 언약에 헌신할 것을 다짐하는가?" 전 인류를 구원하실 하나님의 약속을 기억하면서 작은 자로부터 큰 자에 이르기까지 다 그를 알 때까지 우리는 순종하는 마음으로 하나님을 섬길 것을 다짐해야 한다.(David Watson)

요약

'언약'이란 낱말은 구약과 신약에서 중요한 개념이다. 언약은 하나님과의 관계에 묶여 있는 것을 의미한다. 하나님과의 언약 관계는 항상 하나님이 주도권을 쥐고 시작하신다. 그리고 우리는 하나님의 은혜에 응답한다.

예레미야는 새로운 언약을 예언했는데, 그것은 하나님의 율법이 각 사람의 마음에 쓰일 것이라는 언약이었다. 예수 그리스도는 이 새 언약을 구체화했다. 하나님의 아들 예수님은 모든 사람에게 주어질 하나님의 언약의 증표였다.

우리는 하나님께 순종함으로써 그분이 우리의 하나님이 되게 해야만 한다. 그리고 하나님께 순종하기 위해서 훈련을 받아야만 한다. 제자라는 낱말은 배움을 의미하는, 즉 하나님과의 관계가 어떠해야 하는지를 하나님으로부터 직접 배우는 것을 뜻하는 낱말에서 온 것이다.

수세기를 통해 기독교 집단들은, 하나님과의 언약을 지키는 최선의 방법이 그 목표를 위해 서로 협력하는 일임을 알게 되었다. 초대 청교도 운동은 언약이라는 낱말을 순종하는 제자도에 대한

표어로 사용했다.

성만찬에서 사람들은 예수 그리스도와 가장 긴밀한 관계에 있게 된다.

대화

앞서 내린 언약에 관한 정의에 새로운 정의를 덧붙이게 하라.

▣ 성경과 교재(50분)

'언약', '성찬', '헌신'을 이 과의 초점으로 선택하라. 먼저, 매일 읽은 성경 구절과 교재에서 다음 진술에 부합하는 언약의 증표들을 찾아내라. "우리는 아브라함과 사라에게 연합된 언약 백성이다." 그런 후 다음 진술에 맞는 언약의 증표들을 교재와 성경에서 찾게 하라. "우리는 예수 그리스도와 연합된 새로운 언약 백성이다."

헌신의 문제를 논의할 때 헌신하는 생활의 예로 산상수훈을 중심으로 공부할 수도 있을 것이다. 이 과의 제자의 모습은 헌신에 관한 것이다. 그리스도의 제자는 자신의 삶을 하나님을 위해, 또 하나님의 뜻대로 봉사하기 위해 헌신한다. 헌신의 생활과 '우리의 모습'에서 설명한 생활의 다른 점을 찾으라.

이 과의 주제는 '기억'인데, 대부분의 활동이 여기에 초점을 둔다. 32과에 있는 '우리의 여행을 돌이켜 보며'를 아직 사용하지 않았다면 이 시간에 함께 이야기하면 좋을 것이다.

▣ 휴식(10분)

▣ 말씀과의 만남(25분)

성경: 고린도후서 3:2~6

한 사람에게 본문을 큰소리로 읽게 하라. 이 구절을 자기만의 말로 의역해서 써 보게 하라.

▣ 언약 예배(30분)

언약 예배로 이 성경 연구 과정을 마친다. 예배 순서를 맡은 사람들은 시간 전에 모든 준비를 마친다. 예배에서 사용할 찬송가와 노래들을 미리 준비하라. 축도로 예배를 마친다.

DISCIPLE
BECOMING DISCIPLES THROUGH BIBLE STUDY

by Richard Byrd Wilke
    Julia Kitchens Wilke

Teacher Helps, copyright © 1987 by Graded Press
Second Edition, copyright © 1993 by Abingdon Press
All rights reserved

Translation rights © 2009 KMC Press, Seoul, Korea
This edition is published by arrangement with Abingdon Press.

제자 I
성경 연구를 통한 제자 되기

지도자용

초판 1쇄 2009년 9월 25일
    4쇄 2012년 11월 7일

Richard B. Wilke, Julia K. Wilke 지음
유석종, 원달준 옮김

발 행 인 | 김기택
편 집 인 | 손인선

펴 낸 곳 | 도서출판 kmc
등록번호 | 제2-1607호
등록일자 | 1993년 9월 4일

(110-730) 서울시 종로구 세종대로 149 감리회관 16층
(재)기독교대한감리회 출판국

대표전화 | 02-399-2008, 02-399-4365(팩스)
홈페이지 | http://www.kmcmall.co.kr
디자인 · 인쇄 | 리더스 커뮤니케이션 02)2123-9996/7

값 7,000원

ISBN 978-89-8430-437-6 04230
    978-89-8430-435-2 (전 4권)